LENGUAJE CORPORAL

LA GUÍA DEFINITIVA PARA INTERPRETAR EL LENGUAJE NO VERBAL Y DOMINAR A UNA PERSONA MEDIANTE PNL, MANIPULACIÓN Y PERSUASIÓN

MARK BISTROCK

the information herein, either directly or indirectly.

Respective authors own all copyrights not held by the publisher.

The information herein is offered for informational purposes solely, and is universal as so. The presentation of the information is without contract or any type of guarantee assurance.

The trademarks that are used are without any consent, and the publication of the trademark is without permission or backing by the trademark owner. All trademarks and brands within this book are for clarifying purposes only and are the owned by the owners themselves, not affiliated with this document

Índice

Sobre el Lenguaje Corporal 1

Tipos de Lenguaje Corporal 9

Ejemplos de lenguaje corporal y lo que muestran 16

15 señales no verbales comunes 25

Diferencias culturales en el lenguaje corporal a tener en cuenta................ 32

Comprender el lenguaje corporal en entornos sociales............................. 38

Cómo leer el lenguaje corporal y mejorar tus habilidades sociales............ 45

El lenguaje corporal y la atracción 54

¿Cuáles son los diferentes tipos de atracción del lenguaje corporal?......... 63

¿En qué se diferencia el lenguaje corporal femenino del lenguaje corporal masculino? Diferencias y similitudes en las exhibiciones de atracción 70

Cómo utilizar el lenguaje corporal para aumentar las ventas..................... 76

6 ejemplos de comunicación no verbal para aumentar las ventas 81

Señales de lenguaje corporal que solo los mejores vendedores pueden leer 86

PNL y el Lenguaje Corporal... 97

El lenguaje corporal dice la verdad en las entrevistas de trabajo............. 105

Sobre el Lenguaje Corporal

El lenguaje corporal se usa en casi todos los aspectos de la vida diaria, y observar a alguien a veces puede decir mucho sobre cómo se siente una persona y qué tiene en mente. Por ejemplo, en el póquer, la gente intenta limitar su lenguaje corporal por esta misma razón. El lenguaje corporal puede transmitir el punto de vista de una persona e inclusive sus pensamientos, y este artículo discutirá cómo el lenguaje corporal se convirtió en una parte necesaria de nuestra paleta de comunicación y por qué sigue siendo así.

¿Qué es el lenguaje corporal?

El lenguaje corporal es un tipo de comunicación no verbal entre dos personas o un grupo de personas. Hoy, el término ha adquirido tanta importancia y prominencia en todas las esferas de la vida que sin un lenguaje corporal positivo, ninguno de nosotros puede sobrevivir en el ámbito profesional, la vida personal y en el mundo en general.

Por ejemplo, se enfrenta a una entrevista de trabajo y el entrevistador lo interroga. Ahora, aunque sea cortés y responda bien a las preguntas, es posible que el entrevistador aún no lo seleccione. La razón es muy sencilla. Quizás su postura corporal o sus movimientos corporales no fueron apropiados o fueron groseros. Esto puede haber llevado al entrevistador a pensar que usted no está interesado o no es un buen candidato para el perfil laboral.

Sin embargo, el lenguaje corporal es diferente al lenguaje de señas. En el lenguaje de señas, las palabras o la información se transmiten voluntariamente mediante movimientos de manos y dedos. En el lenguaje de señas, la mayoría de los movimientos de los labios, los dedos, las palmas y los ojos se utilizan para transmitir información al destinatario de la información.

Sin embargo, el lenguaje corporal se diferencia del lenguaje de señas en el hecho de que el lenguaje corporal es en gran parte involuntario y no está controlado activamente por la mente. Sin embargo, los lenguajes de señas son voluntarios y están controlados por la mente para transmitir información.

El lenguaje corporal es una forma de comunicación no verbal, que incluye múltiples acciones y gestos, como:

- Expresiones faciales
- Gestos
- Postura
- Movimiento de la cabeza
- Contacto visual

Todo lo que se mencionó anteriormente son algunas de las formas de este lenguaje, dichas normas son universales para todos los seres humanos que habiten en este planeta y se pueden realizar de manera consciente o inconscientemente para transmitir los pensamientos y sentimientos hacia innumerables cosas. De hecho, se cree que el lenguaje corporal constituye aproximadamente la mitad de lo que intentamos comunicar.

Sin embargo, esto puede depender en gran medida de la situación; por ejemplo, una persona no siempre necesita decir pronunciar la palabra "no" para comunicar que algo anda mal o que no está de acuerdo. En cambio, él o ella pueden mover la cabeza de un lado a otro para comunicar lo mismo.

Todos hemos usado alguna vez el lenguaje corporal. Si un estudiante se encorva en su silla en clase y hace contacto visual indirecto, esto le indicará al instructor que está aburrido.

También se puede utilizar para mejorar nuestras habilidades de comunicación verbal y, a menudo, se complementan muy bien entre sí. Por ejemplo, si alguien pregunta en una tienda dónde encontrar un producto y un empleado simplemente dice "allí", esta información no es del todo útil para el cliente porque es demasiado vaga.

En cambio, el empleado puede intentar ser más específico de la ubicación de dicho producto, mediante la indicación del número del pasillo, sin embargo, la mayoría de las veces también harán gestos y señalarán en la dirección en la que debe dirigirse la persona. Incluso si el empleado no fue muy específico, y dijo "allí" mientras también señalaba, sería más útil que el escenario original sin ningún lenguaje corporal.

Es posible que no se haya dado cuenta hasta ahora, pero el lenguaje corporal juega un papel importante en sus interacciones diarias, por lo que es uno de los temas más controversiales dentro de los estudios de comunicación y ha sido de interés durante miles de años, incluso en la antigüedad se estudiaba el lenguaje corporal.

El lenguaje corporal como forma de comunicación inconsciente

La sección anterior discutió un par de ejemplos que muestran cómo se puede utilizar el movimiento para mejorar el habla; sin embargo, la psicología del lenguaje corporal también considera la comunicación inconsciente porque, aunque puede ser involuntaria, aún puede ser interpretada por otros.

Tomemos la aplicación de la ley como ejemplo: un psicólogo forense o alguien que trabaje con inteligencia está capacitado para notar micro expresiones, que son expresiones rápidas de emociones que son breves porque son inconscientes.

Algunas otras situaciones comunes en las que puede ocurrir un lenguaje corporal inconsciente es durante el nerviosismo o la atracción y, como siempre, esto puede variar de persona a persona.

Esto es especialmente cierto para las personas que interactúan entre sí con regularidad. Debido a que conocen la línea de base o la personalidad predeterminada de cada uno, alguien puede detectar cuándo algo anda mal notando cambios en el lenguaje corporal. Por ejemplo, si un niño le miente a su madre sobre el lugar al que se dirige, es posible que muestre señales corporales distintas que normalmente no haría.

Evolución y orígenes del lenguaje corporal

El lenguaje corporal en realidad es anterior a cualquier lenguaje hablado y escrito que haya sido creado en el mundo y por los humanos. Los primates usaban el lenguaje corporal antes que los humanos, esto se debe a que los primates no tienen la misma anatomía vocal y el mismo tamaño cerebral que los humanos, por esta razón, los primates usan constantemente el lenguaje corporal para comunicarse entre sí.

También se cree que las diferencias genéticas también son responsables de por qué podemos hablar y nuestros antepasados más cercanos, que son los chimpancés y los monos, no pueden. Se sugiere que una variación del gen FOXP2 es la razón por la cual este es el caso, y los humanos tuvieron una mutación única del mismo, que tuvo que haber ocurrido dentro de los últimos 4 a 6 millones de años porque fue entonces cuando el último ancestro común del hombre y del primate vivió.

Estudiar a los simios nos proporciona una gran comprensión de por qué se desarrolló el lenguaje corporal en primer lugar a pesar de que ellos no pueden hablar. De hecho, la necesidad de comunicarse es la razón por la que el lenguaje corporal se desarrolló en primer lugar, además de las vocalizaciones.

El lenguaje corporal se ha observado numerosas veces en los monos, específicamente los gestos para producir diferentes señales, algunas de las cuales también son utilizadas por los humanos. Por ejemplo, un toque fuerte o un roce de la mano puede decirle a otro miembro que se detenga, mientras que uno suave o un tirón ligero puede ser más atractivo. Algunas especies, como los orangutanes, también se abrazan.

Los gorilas machos intentarán demostrar su dominio poniéndose de pie sobre dos piernas y golpeándose el pecho. A pesar de que esto es exclusivo de los gorilas, los humanos también tienen formas de afirmar el dominio y la fuerza de forma no verbal. También se sabe que algunos primates, como los chimpancés y los monos, hacen pucheros; sin embargo, en lugar de indicar tristeza o decepción, hacer pucheros generalmente significa algo relacionado con la comida o el aseo.

En los monos, los gestos también suelen ir acompañados de

expresiones y contacto visual. Mostrar los dientes es universalmente un signo de agresión; por otro lado, relamerse los labios puede ser una señal facial amistosa y es una forma de sumisión en algunas situaciones.

A medida que nuestro cerebro ha crecido y nuestra estructura facial ha cambiado con el tiempo, los seres humanos han podido utilizar sus propias formas de lenguaje corporal en la comunicación. Si bien por lo general no mostramos los dientes como una forma principal de ser agresivos, tenemos otras formas de transmitir el mismo mensaje, como fruncir el ceño, mirar con furia o usar gestos únicos como usar el "dedo medio", que resulta ser un vínculo con lengua y cultura.

Ciertas acciones se han eliminado gradualmente en favor de otras más nuevas como estas, pero al investigar primates no humanos, podemos comprender mejor cómo usábamos el lenguaje corporal en el pasado antes del desarrollo de cosas asociadas con la civilización.

En la era digital actual, muchas personas dependen de las redes sociales y los mensajes de texto para comunicarse entre sí, y ofrece una forma muy conveniente de hacerlo.

Aunque el internet permite que las personas hablen en su tiempo libre y puede minimizar la presión para algunos, algo se pierde al hacerlo, y al no poder ver a la persona mientras le habla, es posible que se pierda señales no verbales importantes además de los verbales como inflexiones vocales.

Sin embargo, el lenguaje corporal ha existido durante millones de años y, a pesar de estar ausente en determinadas situaciones, sigue siendo muy relevante y seguirá siéndolo en el futuro previsible, siempre que la gente siga hablando.

Tipos de Lenguaje Corporal

En un entorno de trabajo, es importante ser consciente de sí mismo para que el mensaje deseado llegue a su objetivo. Esto significa reconocer y comprender las diferentes señales no verbales que envía y recibe a lo largo de cada interacción. Al evaluar el lenguaje corporal de los demás, puede identificar problemas potenciales y encontrar soluciones para ellos, y permanecer consciente de su propio lenguaje corporal puede ayudarlo a romper los viejos hábitos y presentarse de una manera más abierta, confiable y segura.

¿Qué es el lenguaje corporal?

El lenguaje corporal es la transmisión de señales no verbales a través de gestos con las manos, expresiones faciales u otros movimientos físicos. Estas señales pueden ser conscientes, pero normalmente el lenguaje corporal es un gesto inconsciente o un conjunto de gestos que revelan los sentimientos de la persona que los representa.

Tipos de lenguaje corporal

Los gestos con las manos, las micro expresiones, incluso la forma en que mantienes tu pose dice mucho sobre tus verdaderos pensamientos y sentimientos. Saber qué señales no verbales buscar puede ayudarlo a comunicarse de manera efectiva con los clientes, colegas y su jefe. Estas son algunas de las formas más comunes de lenguaje corporal:

– Postura

La postura se refiere a cómo sostenemos nuestros cuerpos durante cualquier tipo de interacción. Por ejemplo, sentarse derecho, encorvarse y encorvarse son todas formas de postura que transmiten un mensaje.

La postura puede revelar su nivel de interés en lo que está participando, ya sea una reunión de personal o una conversación personal.

– Gestos con las manos

Los gestos con las manos son una de las formas de lenguaje corporal más universalmente reconocidas y utilizadas conscientemente. Si bien algunos gestos significan cosas diferentes según la parte del mundo en la que se encuentre, aquí nos centraremos en el significado de los gestos más universales. Algunos de los gestos con las manos más comunes incluyen:

- Saludar con la mano: indica una bienvenida o una despedida, pero podría usarse de manera despectiva
- Señalar: se utiliza para mostrar un determinado objeto de interés; podría tener matices acusatorios si un dedo apunta a una

persona, especialmente en un movimiento
punzante

- Levantando los dedos: muestra números que
  se corresponden con la cantidad de dedos
  levantados.

- Pulgar arriba / abajo: muestra aprobación
  (pulgar arriba) o desaprobación (pulgar abajo)

- Signo de la paz: indicado al levantar los dos
  primeros dedos en forma de "V", transmite un
  mensaje de paz o amabilidad.

- Ofreciendo una mano: un saludo, usado
  formalmente en muchos casos

- Puño cerrado: levantado, palma hacia afuera
  indica solidaridad; sostenido a los lados
  muestra ira; sostenido con los nudillos hacia
  fuera puede ser amenazante

  – Brazos y piernas

Una persona puede revelar mucho a través del
posicionamiento de sus extremidades. Cuando alguien quiere
parecer imponente, echará los hombros hacia atrás, pondrá las
manos en las caderas para ensanchar el brazo e inflará el pecho.
Es una postura agresiva y que exige sumisión. Ocultar las
manos puede mostrar engaño o ansiedad, mientras que las
acciones para llamar la atención, como dar golpecitos, rebotar
o parecer incapaz de quedarse quieto, pueden mostrar

aburrimiento, frustración o incluso ansiedad.

- Contacto visual

- Contacto visual directo: indica que la conversación mantiene el interés de la persona y está escuchando con atención. La confianza y la honestidad también se indican mediante el contacto visual directo durante una conversación.

- Evitar el contacto visual: la dificultad para establecer o mantener un nivel adecuado de contacto visual puede mostrar incomodidad, distracción o engaño.

- Parpadeo rápido: parpadear más rápido de lo habitual puede mostrar malestar, angustia o deshonestidad. Por el contrario, un patrón lento de parpadeo puede ser un esfuerzo consciente por ocultar sus sentimientos.

- Señales de la boca

Las señales inconscientes de la boca pueden ocurrir en nanosegundos y pueden ser tan diminutas que pueden pasar desapercibidas, al menos conscientemente. Algunas señales de la boca no verbales incluyen:

- Morderse los labios: morderse los labios puede indicar preocupación o ansiedad.

- Labios tensos (fruncidos): esta expresión suele mostrar condescendencia, desaprobación o disgusto.

- Esquinas de los labios o comisuras labiales: Si las

comisuras de la boca se levantan ligeramente, puede mostrar receptividad o felicidad; estar deprimido puede ser un signo de decepción, preocupación o incluso tristeza.

- Cubrirse la boca: a veces, intentar cubrirse la boca indica un deseo de ocultar una reacción emocional, como sonreír durante un momento inapropiado. La gente a menudo cree que tocar o taparse la boca inconscientemente cuando está hablando muestra deshonestidad. No se ha demostrado que esto sea cierto, pero es una creencia popular y la percepción se hace realidad en el lugar de trabajo.

Consejos para practicar un lenguaje corporal positivo

Todo el mundo transmite mensajes no verbales a través del lenguaje corporal; es un rasgo humano innato con el que nacemos. Dicho esto, su lenguaje corporal se puede controlar de alguna manera con la práctica. Aquí hay algunos consejos para ser más consciente de su lenguaje corporal y presentar mensajes positivos:

- Relajarse. Permita que su postura permanezca abierta, siéntese erguido con los hombros cuadrados y relaje los brazos a los lados.
- Apretón de manos. Cuando conozca a alguien nuevo en un entorno profesional, ofrezca su mano y disfrute

de un breve pero firme apretón de manos. Tenga en cuenta qué tan apretado y cuánto tiempo está sosteniendo la mano de la otra persona para mantenerla cordial.

- Practica equilibrar el contacto visual. Mantenga el contacto visual durante un par de segundos a la vez. Un poco más y te arriesgas a mirar fijamente, y menos te puede poner nervioso. La cantidad adecuada de contacto visual transmite el mensaje de que está realmente interesado en la conversación.

- Mantén tus manos fuera de tu cara. Mantenga su piel limpia y sus conversaciones no incómodas absteniéndose de tocarse la cara.

- Trate de mantener la mirada fija. Imagina tu nariz apuntando hacia adelante. Cualquier nivel más alto podría indicar arrogancia y cualquier nivel más bajo puede hacer que parezca aburrido.

- Siéntate quieto. Cuando te encuentres golpeando inconscientemente con las yemas de los dedos, haciendo rebotar la pierna o girando el bolígrafo demuestras aburrimiento e incomodidad, asi que intenta quedarte quieto y relajarte.

- Inclinación hacia delante. Esto muestra que está involucrado en la conversación e interesado en lo que el hablante tiene que decir. Si usted es el que está hablando, inclinarse hacia adelante transmitirá una comunicación asertiva en la que está incluyendo a su audiencia.

- Refleja los gestos de la persona con la que estás conversando. Ser obvio al respecto podría hacerlos sentir incómodos, pero copie sutilmente su lenguaje corporal para que se sientan más cómodos y así confiar más en usted.

- Mantén tu rostro amigable. La mejor expresión suele ser aquella con la boca ligeramente hacia arriba y un sutil levantamiento de cejas, ya que transmite confiabilidad, accesibilidad y seguridad.

Ejemplos de lenguaje corporal y lo que muestran

Usamos el lenguaje corporal siempre que nos comunicamos cara a cara. Es un lenguaje que enfatiza o altera el significado del lenguaje directo que usamos. Hablamos con los demás a través de nuestros movimientos corporales, postura, contacto visual, gestos con las manos, tono y volumen de voz, expresiones faciales y micro expresiones que tienen significado para nosotros y para nuestra audiencia.

La comunicación no verbal es una calle de dos vías. Cuando te sientes cómodo comunicándote con tu propio cuerpo, es posible que adquieras habilidades con las señales no verbales que les estás enviando a los demás. De hecho, comunicarse a través del lenguaje corporal y otras señales no verbales puede incluso ser bastante divertido.

El poder del lenguaje corporal

Usar un lenguaje corporal positivo puede ayudarlo a obtener lo que desea si sabe cómo usarlo. Puede conseguirle un trabajo, ayudarlo a vender su casa, ganar una discusión o comenzar una relación.

El lenguaje corporal negativo, por otro lado, puede evitar que obtenga las cosas que desea. Además, puede provocar la pérdida de amigos, la pérdida de oportunidades en el trabajo u ofender a las personas que desea impresionar.

¿Qué tan confiable es el lenguaje corporal?

El lenguaje corporal no solo es poderoso, también es confiable para revelar tus verdaderos sentimientos. Considere al jugador de póquer que ha perfeccionado su lenguaje corporal hasta el punto de que los otros jugadores no ven sus "señales".

El lenguaje corporal se transmite la mayor parte del tiempo, ya sea que quieras revelarlo o no. Pero, debes siempre tener cuidado al evaluar el lenguaje corporal de otra persona. Lo que significa una cosa para una persona puede significar algo completamente diferente para otra.

Ejemplos de lenguaje corporal

Los siguientes ejemplos de lenguaje corporal son comunes. Por lo general, el lenguaje corporal es muy fácil de discernir, al igual que su significado una vez que los ha aprendido.

– Brazos cruzados sobre el pecho

Tus brazos y piernas son quizás uno de los primeros tipos de comunicación no verbal que las personas notan cuando te ven. Sentarse con los brazos cruzados o pararse con los brazos cruzados sobre el pecho casi siempre se considera un lenguaje corporal defensivo. Universalmente, la gente ve a una persona que se ha cruzado de brazos como insegura, molesta o cerrada. Cuando lo haces, estás cerrado y desconectado. Puede parecer enojado o terco.

Si ves a alguien con los brazos y las piernas cruzados durante un largo período de tiempo, recuerda que podría indicar que la temperatura en la que estás es demasiado fría. También podría significar que están cansados o que simplemente están apoyando los hombros en una silla sin brazos.

\-   Sonreír

Las sonrisas pueden significar diferentes cosas, dependiendo de la expresión facial exacta. Hay muchos tipos de sonrisas, algunas de ellas son: sonrisas auténticas, sonrisas felices, sonrisas cálidas, sonrisas tímidas y sonrisas irónicas. La sonrisa autentica consiste en levantar las comisuras de la boca mientras aprieta los ojos para formar patas de gallo.

Se considera una sonrisa verdadera, a diferencia de una sonrisa falsa en la que simplemente expones los dientes. ¿Alguna vez has oído hablar del término "ojos felices o alegres"? Algunas personas son realmente buenas enviando una sonrisa a través del contacto visual directo. Cuando muestra una sonrisa auténtica, le hace saber a la gente que es accesible y amigable.

\-   Golpear tus dedos contra la mesa

Cuando golpeas los dedos contra la mesa, pareces

impaciente y posiblemente nervioso por esperar. Asi que si te gusta golpear los dedos contra la mesa, tenga en cuenta que es una de esas señales no verbales que pueden irritar los nervios de los demás.

– Inclinar la cabeza hacia un lado

Cuando inclina la cabeza hacia un lado, generalmente significa que está escuchando con atención y profundamente interesado en descubrir la información que le están diciendo. También puede significar que te estás concentrando mucho.

– Estirar tus dedos

Mantener las yemas de los dedos juntas y las palmas separadas permite que la gente sepa que usted tiene autoridad y control. Los jefes y los políticos utilizan este gesto a menudo para demostrar que están a cargo.

– Cruzar las piernas

La forma en que cruza las piernas dice mucho y puede decirle mucho más cosas a los demás sobre usted y cómo se siente en un momento dado. Si los cruza por el tobillo, puede mostrar que está tratando de ocultar algo. Si los cruza a la altura de la rodilla, pero aleja las rodillas de la otra persona, demuestra que se siente incómodo con ellos. En la mayoría de los casos, la mejor opción es apoyar los pies firmemente en el suelo.

Un término común relacionado con el lenguaje corporal es la posición de "figura de cuatro". Para sentarse de esta manera, estire los brazos y las piernas hacia adelante y luego cruce un tobillo sobre la rodilla, con las piernas cruzadas en alto y la región pélvica abierta.

El mensaje de comunicación no verbal que representa la pose de la "figura cuatro" es que eres poderoso y dominante. Cuando sus brazos y piernas están abiertos y relajados, envía una comunicación no verbal de que es seguro y accesible.

- Tirar de tu oreja

Cuando se tira de la oreja, muestra que está tratando de tomar una decisión, pero todavía no lo ha hecho. Suele parecer indeciso o evasivo.

- Estar de pie derecho

Estar erguido con una buena postura demuestra que se siente seguro.

- Contacto visual

Debes hacer contacto visual con la persona con la que estás hablando si quieres que se sienta cómoda con la conversación y acepte lo que tienes que decir. Los científicos sugieren que la mayoría de las personas se sienten cómodas con el contacto visual de aproximadamente 3,2 segundos a la vez si eres un extraño. Cuando te haces amigo, por lo general no les importa tener contacto visual contigo durante más tiempo.

– Mirar hacia abajo

Mirar el suelo o el piso te hace parecer débil e inseguro. A menos que haya algo de lo que deba hablar allí abajo, debe mantener los ojos en el nivel de la cara de la otra persona. Si en algún momento, usted debe romper el contacto visual, lo cual debe hacer cada pocos segundos, usted debe intente mirar hacia un lado.

– Frotarse las manos vigorosamente

¿Quiere mostrar lo emocionado que está con un nuevo proyecto? Simplemente frótese las manos vigorosamente.

– Torcer tu cabello

A menudo, las películas y los programas de televisión utilizan el gesto de torcerse el cabello para mostrar coqueteo. Sin embargo, si estás en una entrevista de trabajo, solo te verás nervioso e incómodo mientras te retuerces el cabello sin hacer nada.

– Micro expresiones

Los micros expresiones son expresiones faciales extremadamente breves que ocurren en aproximadamente 1/25 de segundo. Ocurren cuando intentas contener tus emociones. Sin embargo, si aprende a detectarlos, puede obtener ventaja en cualquier tipo de interacción.

– Caminar enérgicamente

Cuando desee mostrar su confianza en sí mismo, camine con paso vivo y con determinación. Ya sea que vaya a un lugar específico o no, camine como si estuviera caminando con confianza hacia un destino importante.

– Poner tu mano en tu mejilla

Cuando te tocas la mejilla con la mano, muestras que estás pensando y evaluando cuidadosamente la información que estás recibiendo. Cuando ves a alguien hacer esto mientras estás hablando con él, generalmente puedes asumir que te está tomando lo suficientemente en serio como para considerar lo que estás diciendo.

– Frotarse el ojo

Cuando se frota el ojo, generalmente significa que duda o no cree en lo que está escuchando. Si alguien se frota los ojos mientras habla, podría beneficiarse si se detiene y solicita sus comentarios para poder abordar sus dudas.

– Frotarse o tocarse la nariz

Cuando te frotas o tocas la nariz con el dedo índice, pareces deshonesto. Si lo hace en una conversación que requiere franqueza y honestidad, tendrá problemas para lograr sus objetivos.

– Pellizcar el puente de tu nariz

Cuando cierra los ojos y se pellizca el puente de la nariz, parece que está haciendo una evaluación negativa de lo que está sucediendo en la conversación. Si alguien toma esta pose contigo, es posible que debas adoptar un enfoque diferente para conseguir su apoyo para tu objetivo.

– Una persona parada con las manos en sus caderas

Esta pose es complicada. En algunos casos, puede significar que se siente enojado y puede comportarse de manera agresiva. La forma en que alguien pueda interpretar el significado de esta postura puede tener que ver con su uso del espacio personal. Puede estar un poco más cerca que eso con buenos amigos y familiares y todos deberían estar cómodos.

Cómo enviar los mensajes correctos con su lenguaje corporal

Aprender ejemplos de lenguaje corporal es un gran primer paso para enviar los mensajes correctos de lenguaje corporal. También le ayuda a leer los mensajes no hablados y las señales no verbales que otros le envían.

Sin embargo, conocer los movimientos, los gestos y las expresiones faciales correctas solo puede llevarlo hasta cierto punto.

Las parejas que malinterpretan el lenguaje corporal del otro rápidamente pueden enojarse, decepcionarse o perder el contacto entre sí. Si necesita ayuda para aprender a comunicarse con su pareja o con cualquier otra persona, puede ser beneficioso hablar con un terapeuta.

15 señales no verbales comunes

¿Alguna vez le ha preguntado a alguien cómo estaba y esa persona respondiera "Bien", pero antes de eso miro hacia abajo, con los brazos cruzados y el ceño fruncido? Sabes que no están bien y es por su lenguaje corporal. Nos comunicamos con frecuencia, y a veces de manera más honesta, con lo que hacemos y no con lo que decimos.

La comunicación no verbal se llama "lenguaje corporal". El lenguaje corporal es la forma en que nos sentamos, colocamos los brazos y contorsionamos la cara. A menudo es algo que no controlamos deliberadamente. Por eso puede ser tan revelador. También puede malinterpretarse. El hecho de que una persona se cruce de brazos durante una reunión no significa que esté aburrida o enojada. Ella podría tener frío.

Tener una mejor comprensión de la comunicación no verbal puede ayudarlo a comprender a quienes lo rodean y puede ayudarlo a ser más consciente de los mensajes que está enviando al mundo. No podemos cubrir todas las incidencias del lenguaje corporal, pero este artículo cubrirá algunos ejemplos comunes que puede observar en otros y en usted mismo.

Lenguaje corporal mientras está sentado

Pasamos mucho de nuestro tiempo sentados, especialmente nuestro tiempo social, asi que ahora analizaremos cuales son los gestos y las posturas más comunes estando sentados.

– Rodillas separadas

Si una persona se sienta o se pone de pie de una manera que la hace parecer más grande, puede estar tratando de intimidar o jactarse ante los demás. Cualquiera de estos puede ser el caso de sentarse con las rodillas separadas.

Sentarse con las rodillas separadas hace que la persona parezca más grande y también la hace parecer relajada, cómoda y responsable. Por lo tanto, confiado. Como se mencionó en la introducción, esta no es una forma infalible de evaluar cómo se siente alguien.

– Rodillas juntas

Sentarse con las rodillas juntas es una posición "cerrada" sugiere que la persona está tratando de protegerse. Sentarse con las rodillas juntas no se ve necesariamente como una postura femenina, ya que la forma de sentarse con las rodillas separadas generalmente se ve como una postura masculina en vez de una pose femenina, mientras que las rodillas juntas es más una pose femenina que masculina.

– Rodillas cruzadas

Sentarse con las rodillas cruzadas generalmente tiene un

significado más profundo que simplemente sentarse con las rodillas juntas. Hace que la persona parezca muy pequeña, y, a diferencia de sentarse con las rodillas juntas, generalmente se ve como una pose explícitamente femenina. Se considera delicado y educado. Puede sugerir timidez o incomodidad.

– Tobillos cruzados debajo de las rodillas

Sentarse en el suelo con los tobillos cruzados y los pies debajo de las rodillas a menudo se considera una señal de comodidad y consideración.

Los nombres de esta postura varían según el tiempo y el lugar. En las regiones del Pacífico, a menudo se le llama "postura de loto" y se muestra en ilustraciones modernas y antiguas de pensadores y hombres santos y se cree que ha sido adoptada como una de las poses más cómodas para la meditación a largo plazo.

También se usa en las ceremonias de artes marciales cuando los artistas marciales están sentados para observar o escuchar a los maestros y mentores.

Lenguaje corporal mientras está de pie

El lenguaje corporal no solo se "habla" cuando está sentado. Nuestra posición también nos puede decir mucho sobre cómo piensa o siente una persona.

– Pies separados

Al igual que cuando se está sentado, tener los pies separados hace que la persona parezca más grande y una postura más estable. Como resultado, a menudo se lo considera confiado, cómodo y potencialmente agresivo.

− Pies juntos

Estar de pie con los pies juntos hace que la persona parezca más pequeña y, por lo tanto, suele ser sostenida por personas menos cómodas. Pararse con los pies juntos también es a menudo una señal de respeto, como cuando los soldados "se ponen firmes".

− Apoyado o encorvado

Pararse apoyado como con un pie o la espalda o los hombros contra una pared denota comodidad y no agresión. A veces se considera una falta de respeto o que la persona no está prestando atención a la conversación que los rodea si está encorvada o apoyada.

− Posiciones del brazo

Hasta ahora, la mayoría de las señales no verbales que hemos discutido se han centrado en las posiciones de la parte inferior del cuerpo. Sin embargo, la forma en que sujetamos nuestros brazos también puede ser reveladora.

− Brazos cruzados

Pararse con los brazos cruzados sobre el pecho hace que el cuerpo parezca más pequeño y es una posición cerrada. Puede ser un signo de malestar, pero también de enfado. Tener los brazos cruzados sobre el pecho también se considera a menudo una falta de respeto, posiblemente porque puede verse como una barrera entre la otra persona y ellos mismos, mostrando desinterés o desaprobación.

Sin embargo, como se mencionó al principio del artículo, también podría ser que una persona simplemente se sienta cómoda al mantener los brazos en esta posición. Especialmente si la temperatura de la habitación es fría.

– Brazos arriba

Tener los brazos levantados a menudo se considera una señal de sumisión. En los conflictos, las personas que se han rendido a menudo tienen los brazos levantados como señal de que no están sosteniendo o buscando un arma. Del mismo modo, los agentes de policía pueden pedir a las personas que levanten los brazos o detrás de la cabeza para demostrar que no están armados.

– Palmas juntas

Mantener las palmas juntas puede significar varias cosas dependiendo del contexto, pero a menudo es un gesto contemplativo. A menudo se hace mientras se piensa, pero a menudo se hace mientras se reza. Esto puede verse como dirigir los pensamientos al cielo.

Mantener las palmas juntas adquiere otro significado en el mundo pacífico. En prácticas como el yoga, mantener las palmas juntas simboliza el equilibrio. La postura es simétrica, con las palmas de las manos en el centro del cuerpo.

Expresiones faciales

La forma en que nos sentamos, nos ponemos de pie y nos comportamos puede ser muy expresiva. Nuestras caras, sin embargo, lo son infinitamente más.

– Cejas arqueadas

Alzar ambas cejas es indicativo de interés o sorpresa. Al levantar las cejas, los ojos se abren más, lo que sugiere que el individuo está tratando de ver todo lo que está sucediendo.

Sin embargo, levantar una ceja a menudo es indicativo de escepticismo. En su libro de 1996 "El libro ilustrado de signos y símbolos", la antropóloga Miranda Bruce-Milford escribe que con una ceja levantada "los dos lados de la cara están enfrentados, registrando un estado de confusión".

– Contacto visual

El contacto visual es una señal de conexión o enfoque. Mantener el contacto visual con una persona muestra seriedad y dedicación, mientras que apartar la mirada constantemente muestra distracción o nerviosismo. El contacto visual constante también puede ser autoritario e implicar intimidación. Un control visual natural que es directo pero no constante, generalmente transmite la mayor comodidad y facilidad.

Comprender (y no comprender) el lenguaje corporal

Tener una comprensión más profunda de las señales no verbales puede ayudarnos a leer a una persona, leer una habitación o incluso detectar amenazas potenciales. Una buena forma de usar el lenguaje corporal es comenzar con la cara de una persona y avanzar hacia abajo, realizando una lista de verificación mental. ¿Cómo es su expresión facial? ¿Qué hacen con los brazos? ¿Cómo están de pie o sentados?

Comprender el lenguaje corporal también puede ayudarlo a asegurarse de que está enviando el mensaje correcto al mundo. Si quieres parecer abierto y amigable, no querrás sentarte y pararte en posiciones cerradas, por ejemplo. La próxima vez que se encuentre con alguien, piense en lo que su expresión y postura podrían estar diciendo sobre usted.

Diferencias culturales en el lenguaje corporal a tener en cuenta

El lenguaje corporal es la forma más utilizada de comunicación no verbal: el contacto visual, los gestos y las expresiones faciales pueden transmitir mensajes poderosos. Como dijo William Shakespeare en Troilus y Cressida: "Hay lenguaje en su ojo, su mejilla, su labio".

Sin embargo, existen diferencias culturales sustanciales en cómo la gente usa el lenguaje corporal para comunicarse. A veces es muy obvio, muchas veces muy sutil. Ya sea en una empresa culturalmente diversa o visitando mercados emergentes, comprender lo que las personas quieren decir a través de su lenguaje corporal puede ser un desafío.

–   Saludos con un apretón de manos

Incluso el simple apretón de manos puede variar de una cultura a otra. Un apretón de manos es ampliamente aceptado como la norma, sin embargo, deberá variar la firmeza según la ubicación. La cultura occidental normalmente percibe un fuerte apretón de manos como autoridad y confianza, mientras que muchas partes del Lejano Oriente perciben un fuerte apretón de manos como agresivo y, en cambio, generalmente se inclinan.

En algunas partes del norte de Europa, un apretón de manos rápido y firme es la norma. En partes del sur de Europa, Centroamérica y Sudamérica, un apretón de manos es más largo y cálido, y la mano izquierda suele tocar las manos juntas o el codo. Tenga en cuenta que en Turquía, un apretón de manos firme se considera grosero y agresivo. En ciertos países africanos, un apretón de manos débil es el estándar. Los hombres en los países islámicos nunca estrechan la mano de mujeres fuera de la familia.

– Expresiones faciales

Muchas expresiones faciales parecen ser universales y reconocidas en todo el mundo.

La investigación llevada a cabo por Paul Ekman Group, un psicólogo estadounidense, mostró que más del 90% de las expresiones faciales comunes fueron identificadas por personas de culturas muy diferentes. Se crearon más de 10,000 expresiones faciales para el estudio y se mostraron a diferentes culturas occidentales y grupos africanos aislados y pre alfabetizados.

En general, hay siete expresiones faciales diferentes que corresponden a distintas emociones faciales universales:

1. Felicidad - Se tensan las comisuras de la boca, las mejillas levantadas y los músculos alrededor de los ojos.

2. Tristeza: disminución de las comisuras de la boca y elevación de la parte interna de las cejas.

3. Sorpresa: arqueamiento de cejas, párpados levantados y esclerótica expuesta, boca abierta.

4. Miedo: cejas arqueadas y juntas, ojos bien abiertos, boca ligeramente abierta.

5. Asco: cejas bajas, labio superior levantado, nariz arrugada, mejillas levantadas.

6. Ira: cejas bajas, ojos saltones, labios apretados firmemente.

- Gestos con las manos

Usamos gestos como una forma de enfatizar puntos e ilustrar lo que estamos diciendo.

Curvar el dedo índice con la palma hacia arriba es un gesto común que la gente en Estados Unidos y partes de Europa usa para llamar a alguien para que se acerque. Sin embargo, se considera de mala educación en China, Asia Oriental, Malasia, Singapur, Filipinas y muchas otras partes del mundo.

También se considera extremadamente descortés usar este gesto con la gente. Se usa solo para llamar a los perros en muchos países asiáticos, y usarlo en Filipinas puede hacer que lo arresten.

- Contacto visual

En la mayoría de los países occidentales, el contacto visual es un signo de confianza y atención. Tendemos a asumir que si alguien mira hacia otro lado mientras hablamos con él, no está interesado y busca a alguien más con quien hablar.

En muchos países de Asia, África y América Latina, sin embargo, este contacto visual ininterrumpido se consideraría agresivo y conflictivo. En estas partes del mundo, los niños no mirarán a un adulto que les esté hablando, ni los empleados a sus jefes.

– Mover tu cabeza

En algunas partes de India, las personas inclinan la cabeza de un lado a otro para confirmar algo y demostrar que están escuchando activamente. El movimiento de cabeza de lado a lado se origina en la ocupación británica, ya que los indios ocupados temían hacer un gesto de "no" a los soldados, pero querían mostrar signos de comprensión.

– Toque

El norte de Europa y el Lejano Oriente se clasifican como culturas sin contacto. Hay muy poco contacto físico más allá de un apretón de manos con personas que no conocemos bien. Incluso rozar accidentalmente el brazo de alguien en la calle merece una disculpa.

En comparación, en las culturas de alto contacto del Medio

Oriente, América Latina y el sur de Europa, el contacto físico es una gran parte de la socialización.

En gran parte del mundo árabe, los hombres se dan la mano y se besan para saludarse, pero nunca harían lo mismo con una mujer. En Tailandia y Laos, es tabú tocar la cabeza de cualquiera, incluso de los niños. En Corea del Sur, los mayores pueden tocar a los más jóvenes con fuerza cuando intentan atravesar una multitud, pero los más jóvenes no pueden hacer lo mismo

- Posiciones para sentarse

Sea consciente de su postura cuando asista a reuniones o esté cenando. Sentarse con las piernas cruzadas se considera una falta de respeto en Japón, especialmente en presencia de alguien mayor o más respetado que tú.

Mostrar las suelas de los zapatos o los pies puede ofender a las personas en algunas partes de Oriente Medio e India. Es por eso que arrojar zapatos a alguien es una forma de protesta y un insulto en muchas partes del mundo, como descubrió el ex presidente de los Estados Unidos George W. Bush en una visita a Irak en 2008.

- Silencio

En nuestras interacciones en el trabajo, la escuela o con los amigos, el silencio es incómodo. A menudo se percibe como un signo de falta de atención o desinterés.

En otras culturas, sin embargo, el silencio no se considera una circunstancia negativa. En China, el silencio se puede utilizar para mostrar acuerdo y receptividad. En muchas culturas aborígenes, una pregunta se responderá solo después de un período de silencio contemplativo.

Comprender el lenguaje corporal en entornos sociales

Probablemente hayas escuchado las estadísticas de que la mayoría de las comunicaciones no son verbales. Si bien existe cierto debate sobre esta estadística y lo que significa, no se puede negar que el lenguaje corporal juega un papel importante en la comunicación. Eso significa que comprender el lenguaje corporal en ti mismo y en otras personas será una ventaja para ti en entornos sociales.

Tenga en cuenta lo siguiente cuando se encuentre en entornos sociales:

Lenguaje corporal: espacio personal

La mayoría de las personas tienen una cierta cantidad de espacio personal que prefieren mantener a su alrededor. Si usted quiere comprender el lenguaje corporal, es importante comprender primero el espacio personal, ya que esto está relacionado mucho con la cultura donde creció.

Las personas que se criaron en lugares con poblaciones densas tienden a requerir una menor cantidad de espacio personal.

¿Cuál es la cantidad de espacio adecuada?

La distancia que debe mantener de las personas también se

determina en gran medida en función de la situación en la que se encuentre. Por ejemplo, si está en un entorno íntimo con alguien, como su pareja, no le importa que ingrese a su espacio personal. Este es el espacio que la gente considera de su propiedad. Por lo general, se encuentra entre 6 y 18 pulgadas de su cuerpo.

Si está haciendo cola o en un cóctel, el espacio de la mayoría de las personas aumenta de 18 a 48 pulgadas. Para situaciones cotidianas, como estar rodeado de personas que no conocemos bien, la distancia se expande a al menos 4 pies.

Hay algunas excepciones a la regla. Si la interacción es entre dos hombres, la distancia tiende a ser un poco mayor, pero si es entre dos mujeres, tiende a ser un poco menor. Cuando se ve obligado a estar en un espacio abarrotado donde estos límites de espacio personal no son posibles, como un ascensor abarrotado, las personas tienden a mirar hacia adelante o al suelo, por lo que no hacen contacto visual.

Aprenda a leer los signos de malestar y estrés

Comprender el lenguaje corporal que se usa cuando alguien se siente incómodo o estresado puede resultar muy útil en situaciones sociales. Cuando puedas entender estas señales significa que puedes ayudar a esa persona a recuperar el control antes de perder a la otra persona. Puede trabajar para tranquilizarlos si es necesario.

Las señales a tener en cuenta incluyen personas que se tocan el cuello, juegan con su corbata o joyas, se tocan la cara o se pasan la palma de las manos desde los muslos hacia las rodillas.

Conozca el uso adecuado del contacto visual

El contacto visual es una parte importante de la comprensión del lenguaje corporal. La parte complicada es que hay muchas reglas a seguir y cosas a tener en cuenta. Es importante que hagas contacto visual cuando hables con alguien o te estén hablando a ti. Ayuda a mostrar que está involucrado en la conversación y, a menudo, le ayuda a tener más facilidad para escuchar porque hay menos cosas que lo distraigan.

A menudo se ha entendido que evitar el contacto visual significa que alguien miente o trata de evitar algo. Cuando evitas el contacto visual, la gente piensa que no eres digno de confianza. O da la impresión de que tienes poca confianza.

Ninguna de estas son impresiones que quieras dar a los demás. Sin embargo, dado que la mayoría de la gente entiende que una persona que miente generalmente evita el contacto visual, alguien que le está mintiendo puede hacer contacto visual con usted a propósito para engañarlo y hacerle creer. Pero, cuando hacen esto, no tienen esa sensación natural y tienden a mantener la mirada fija durante demasiado tiempo, lo que la hace sentir incómoda.

El contacto visual también es una forma de mostrar interés e invitar a la conversación. El contacto visual es una parte importante del lenguaje corporal y algo que debes tener en cuenta en cualquier entorno social.

Confía en tu instinto

Cuando se trata de leer y comprender el lenguaje corporal en entornos sociales, a menudo es mejor dejar que su cuerpo sea su guía. Nuestro subconsciente es muy bueno para reconocer el lenguaje corporal de los demás y su significado. Tendemos a involucrar demasiado nuestro cerebro tratando de descifrar las cosas y leerlas demasiado profundamente.

Mira la dirección de los pies

Mucha gente piensa que el lenguaje corporal tiene que ver con la cara y los brazos. Pero no lo es. La gente es bastante buena para controlar sus expresiones faciales. Sabemos que las personas nos miran a la cara, así que hacemos todo lo posible para que hagan lo que deben hacer en una situación.

Lo mismo ocurre con nuestros brazos y manos. Muchas personas han escuchado el consejo de no meterse las manos en los bolsillos ni cruzarse de brazos. Sin embargo, nuestros pies pueden contar una historia diferente y, por lo general, no pensamos en lo que están haciendo.

Si está interesado en una conversación, tiende a apuntar con los pies hacia la persona con la que está hablando. Es como si estuvieras abriendo la puerta para marcharte tan pronto como surja la oportunidad. Por lo tanto, cuando interactúe con otras personas en situaciones sociales, preste atención a lo que hacen sus pies (pero no olvide hacer contacto visual).

Piense en la posición de su cabeza

La posición de tu cabeza comunica mucho más de lo que crees. Si mantiene la cabeza erguida, le ayudará a parecer confiado y alerta. Sin embargo, si lo gira ligeramente hacia un lado, puede mostrarle a la persona con la que está hablando que la está escuchando mientras habla. Todas las personas quieren ser escuchadas y respetadas, y esto puede ayudarte a lograrlo.

Mira dónde estás parado

A veces no es posible controlar exactamente dónde está parado o sentado en una habitación, pero si puede, es importante saber dónde pararse. Trate de mantener la espalda contra la pared en lugar de la habitación. Cuando le das la espalda a la habitación, te cierras a las otras personas que intentarían iniciar una conversación contigo. Haga todo lo posible por permanecer abierto a la habitación cuando sea posible. Esto invita a la conversación y la interacción con los demás.

Dar una buena primera impresión

En entornos sociales, a menudo nos encontramos en la posición de ser presentados a otros por primera vez y tener que dar una primera impresión. El lenguaje corporal que elija usar en estas situaciones puede tener un gran impacto en el tipo de impresión que dé.

Un apretón de manos firme es importante. No estás tratando de romper la mano de la otra persona, pero tampoco quieres que tu apretón de manos quede flojo. Solo quieres que sea firme y transmita confianza.

Mantén una buena postura. Nuestra postura comunica mucho sobre nosotros. Si camina encorvado con los ojos en el suelo, parece inseguro y tímido. Sin embargo, si ingresa a la habitación con la cabeza en alto y los hombros hacia atrás, parece seguro. Además, preste atención a la ubicación de sus manos. Si los pone en sus caderas, puede parecer agresivo y molesto.

Utilice un contacto visual adecuado. Hablamos de este antes, pero lo tocaremos aquí. Al dar una primera impresión, querrá hacer contacto visual con la persona que está conociendo. No los mires todo el tiempo. Asegúrese de romper su mirada de vez en cuando, pero demuéstreles que está involucrado en la conversación.

No te toques la cara. No se trata de que tengas picazón o algo así. Pero trate de evitar tocarse mucho la cara o el cabello.

Esto puede hacer que parezca deshonesto o nervioso.

Cómo leer el lenguaje corporal y mejorar tus habilidades sociales

El lenguaje corporal y las habilidades sociales están inextricablemente conectadas, aquellos que pueden leer el lenguaje corporal de manera efectiva también son expertos en usar el lenguaje corporal, y esta habilidad es una herramienta invaluable en cada situación social.

El lenguaje corporal proporciona información sobre los demás en su situación social inmediata, y la información se puede utilizar para navegar e interactuar de forma eficaz. Se ha dicho que algunas personas simplemente tienen algo llamado magnetismo animal, encanto o carisma, estas personas han dominado la lectura y el uso del lenguaje corporal, y cualquiera puede lograr lo mismo.

Sería genial poder usar el lenguaje corporal para lograr cualquier cosa que el corazón desee, pero no es magia. No es necesario nacer con una habilidad innata especial para leer a las personas, el lenguaje corporal es un lenguaje real y se puede enseñar.

Las señales del lenguaje corporal pueden ser tan sutiles como una leve sonrisa o tan obvias como poner los ojos en blanco. Al darse cuenta de los comportamientos y reacciones de los demás en cualquier situación social dada, se revelarán muchas señales diferentes del lenguaje corporal que otros usan con regularidad.

El lenguaje corporal es una forma de comunicación no verbal que utiliza movimientos y comportamientos físicos en lugar de palabras. Las expresiones faciales y la postura se consideran lenguaje corporal, reconocer estas expresiones y posturas como una señal de cómo alguien se siente puede cambiar toda la dinámica de una situación.

Cuando alguien sonríe, todos lo reconocen como una expresión alegre y acogedora, pero ¿qué pasa si esa persona sonríe para ser educada pero no está contenta con la situación? Leer el lenguaje corporal implica más que una expresión facial obvia, cómo esa persona está de pie sobre los demás en la conversación, su postura y sus ojos pueden decirte más sobre esa sonrisa.

El tono de la voz de alguien y los movimientos musculares involuntarios también se consideran lenguaje corporal; los detectives incluso usan el conocimiento de estas señales involuntarias del lenguaje para ayudarlos a leer situaciones y personas durante las investigaciones.

Cómo leer y usar el lenguaje corporal

La mejor manera de aprender a leer el lenguaje corporal es aprender los gestos, expresiones y posturas comunes, y luego tratar de reconocerlos en situaciones sociales reales. El conocimiento del lenguaje corporal también le ayudará a controlar su lenguaje corporal y mejorar sus interacciones sociales.

La siguiente es una lista de posturas y gestos y los correspondientes significados del lenguaje corporal:

- De pie o sentado erguido - Confianza
- Manos arriba con las palmas hacia afuera: inocencia, sumisión, honestidad y respeto.
- Tirón de orejas: indeciso, tratando de decidir
- Mirar hacia abajo y hacia otro lado: vergüenza o culpa
- Manos en las caderas: alerta, disposición, puede significar agresión
- Brazos cruzados sobre el pecho: desacuerdo, actitud defensiva
- Dar golpecitos o tamborilear con los dedos: impaciencia, ansiedad
- Tocarse la nariz: mentir, rechazar, estar en desacuerdo
- Frotarse las manos: emoción, entusiasmo
- Manos en la cabeza: molesto, avergonzado, culpable, aburrido
- Asintiendo con la cabeza - acuerdo

- Tobillos cruzados: nervioso, ansioso, aprensivo
- Cabeza baja: vergüenza, timidez, evasión
- Cambio de peso: intimidación, miedo, impaciencia, ansiedad
- Sentado con las piernas separadas, relajado y abierto
- Hombros encorvados - abatimiento
- Frotarse los ojos - duda
- Manos detrás de la espalda: aprensión, ira, frustración.
- Inclinación rápida de la cabeza: curiosidad, interés
- Inclinación de cabeza larga - aburrido
- Palmas abiertas: sinceras, de mente abierta, inocentes
- Sentado con las piernas cruzadas pateando un pie - aburrido
- Tocar el cabello: inseguro, falta de confianza
- Morderse las uñas: inseguridad, nerviosismo
- Tocar o acariciar el mentón: decidir, duda
- Pellizcar el puente de la nariz: desacuerdo, evaluación negativa

Interpretación de expresiones faciales

Esta lista de gestos del lenguaje corporal es solo una parte de la imagen completa; hay más subcategorías para el lenguaje corporal. Oculesics es el estudio de la comunicación con los ojos. La comunicación no verbal con los ojos es una forma delicada de lenguaje corporal con muchas facetas de comprensión. Se dice que tanto los humanos como los animales usan oculesics para comunicarse de manera no verbal, un ejemplo simple de esto ocurre cuando un individuo aparta la vista rápidamente, otros miran en la misma dirección, esto comunica "mira aquí".

Aquí hay una lista utilizada para interpretar los ojos usando oculesic's:

- Ojos hacia abajo - vergüenza o culpa
- Ojos bailando / brillantes y arrugados en las esquinas: felices, emocionados
- Pupilas dilatadas y ojos bien abiertos: el deseo
- Ojos húmedos o mojados: ansiedad, nerviosismo
- Ojos que se alejan rápido - disgusto
- Ojos fijos / intensos y bien abiertos - ira
- Ojos deslumbrantes - envidia
- Ojos bien abiertos y mirando hacia abajo - miedo
- Ojos vidriosos y húmedos - lástima

- Ojos bien abiertos con cejas arqueadas - sorpresa

- Entrecerrar los ojos con una mirada intensa: interés, curiosidad

La interpretación del lenguaje corporal, también conocida como kinésica, implica la interpretación de expresiones faciales, así como posturas y gestos. Aquí hay una lista de expresiones faciales comunes y sus posibles significados:

- Levantando una ceja - confusión, duda

- Ojos hacia abajo con un ligero ceño fruncido: culpa, vergüenza

- Ojos fijos: concentración, enfoque

- Cejas levantadas con los ojos medio abiertos - cansancio, abatimiento

- Cabeza baja con las cejas muy fruncidas y los párpados burlándose: ira, agresión

- Dirígete hacia un lado con los labios separados o fruncidos y los ojos fijos en alguien: coqueto, seductor

- El borde exterior de las cejas bajó con el ceño fruncido - triste

- Nariz arrugada, cejas arrugadas, labio levantado - disgusto

- Labios sonrientes, arrugas en los ojos en las

esquinas - felicidad

- Ojos muy abiertos y cejas arqueadas: miedo, sorpresa.

Micro expresiones y sus significados

Las micro expresiones son expresiones faciales que ocurren muy rápidamente y luego desaparecen. Una micro expresión es involuntaria y muestra una emoción / reacción emocional de un individuo por un momento. Las micro expresiones no son fáciles de falsificar, ocurren muy rápido, generalmente en alrededor de 1/15 a 1/25 de segundo, falsificarlas es casi imposible. Puede resultar difícil reconocer las micro expresiones a menos que las esté buscando.

Aquí hay una lista de micro expresiones y lo que significan:

- El párpado superior de los ojos y el labio inferior se levantan, la nariz se arruga y las mejillas se levantan: disgusto, reacción a algo maloliente
- Cejas levantadas y arqueadas, piel tensa en los párpados inferiores, frente arrugada, el blanco de los ojos visible arriba y debajo del iris, mandíbula abierta, dientes separados - sorpresa
- Arrugas en el centro de la frente, cejas hacia arriba y planas, párpado superior levantado con el párpado inferior tenso, blanco visible por encima del iris no por debajo, boca abierta y labios tirados hacia atrás y

provocados - miedo

- Arrugas verticales entre las cejas, las cejas se alinean y se juntan en el centro, los párpados inferiores se tensan, los ojos se tensan y se concentran, los labios se tensan y las esquinas hacia abajo, la mandíbula inferior ligeramente hacia adelante: ira, agresión

- Los labios sonríen con las esquinas hacia arriba, las arrugas en la esquina de los ojos con las mejillas hacia arriba, las arrugas aparecen desde la parte inferior de la nariz hasta la esquina del labio - felicidad

- La esquina interna de las cejas hacia adentro y la parte externa hacia abajo, la esquina interna de los ojos hacia arriba y la piel tensa, las esquinas de los labios hacia abajo, la mandíbula hacia arriba y el labio inferior sobresale en un puchero, tristeza

Practicar y usar el lenguaje corporal para mejorar sus habilidades sociales

La mejor manera de practicar el lenguaje corporal es imitar la postura, el gesto y la expresión facial en un espejo de cuerpo entero. Usar un espejo te ayudará a controlar tu lenguaje corporal y a usarlo para expresar lo que quieras cuando quieras.

También puedes practicar micro expresiones en un espejo. Si practica hacerlos lo suficiente, eventualmente podrá reconocerlos en otros. También puede buscar imágenes de micro expresiones en Internet y utilizarlas como ayuda para reconocerlas.

No podrás controlar las micro expresiones, pero podrás aprender a controlar tu postura, gestos y expresiones faciales. Dominar el lenguaje corporal te ayudará a eliminar cualquier postura, expresión o gesto no deseado que arruine tu primera impresión o interfiera en situaciones sociales.

Todos pueden beneficiarse de aprender a leer el lenguaje corporal. Leer el lenguaje corporal puede ayudarte a evitar las interacciones sociales que se vuelven incómodas o aburridas. Esta habilidad también puede ayudarlo a mejorar sus habilidades sociales al reconocer las señales del lenguaje corporal que muestran que alguien está listo para irse, con prisa, sin interés o intimidado. Cuanto más sepa, más fácil será utilizar esta habilidad; eventualmente se convertirá en una segunda naturaleza y sus habilidades sociales mejorarán naturalmente.

El lenguaje corporal y la atracción

El lenguaje corporal es una herramienta de comunicación fundamental en las citas y la atracción. Es un elaborado sistema de señales subconscientes que tiene el poder de brindar una visión única de cómo se están desarrollando sus citas y los mensajes significativos pero silenciosos que se envían de un lado a otro.

Para echar un vistazo bajo las sábanas de la comunicación, se habló con la terapeuta de imágenes y citas Kimberly Seltzer. Seltzer, una reconocida experta y entrenadora en imagen corporal, estilo y citas en Los Ángeles, ella comparte su conocimiento del lenguaje corporal con todo el mundo en una exclusiva entrevista.

El cuerpo humano, nuestros gestos y nuestra fisicalidad, se comunica constantemente con el exterior, ya sea en un entorno empresarial o personal. Podría decirse que el lenguaje corporal puede hablar más fuerte que la comunicación verbal.

La comprensión de los mecanismos del lenguaje corporal puede darle el potencial de leer los signos inconscientes de atracción y enviar sus propias señales secretas para encender su cita. Para sus propios súper poderes de comunicación y conexión, observamos tanto el lenguaje corporal femenino, la atracción y su dialecto, y también investigamos la lectura del lenguaje corporal de atracción de los hombres.

Debido a que los hombres y las mujeres se comunican de manera diferente, es útil comprender los diferentes mensajes que se comunican. El experto en citas Adam LoDolce se da cuenta de que el secreto del éxito para dominar el lenguaje corporal de los hombres es comprender que se trata de un lenguaje completamente diferente. Entonces, analicemos las diferencias y similitudes en el lenguaje corporal de atracción en hombres y mujeres.

Cómo leer el lenguaje corporal: secretos de la atracción desbloqueados

Seltzer explica que el 97% de la comunicación no es verbal, por lo que lo que dices no es tan importante como la forma en que te presentas. Estás comunicando mensajes sin siquiera abrir la boca, y esos mensajes también se "leen" e interpretan subconscientemente en un canal de comunicación de retroalimentación que se forma entre individuos en diálogo, en una cita o incluso en la misma habitación que el otro.

Cuando se trata del lenguaje corporal de atracción, hay ciertas señales que uno puede aprender a interceptar y decodificar. Seltzer confirma: "Encuentro que existen distintas técnicas de coqueteo, mensajes y señales corporales que ambos sexos muestran cuando están interesados en alguien".

Continúa explicando que hay algunas señales fáciles que se transmiten si realmente le gustas.

Para darle esta oportunidad, describimos a continuación las señales secretas que los hombres y las mujeres usan para comunicar inconscientemente la atracción usando solo su lenguaje corporal.

Lenguaje corporal: atracción y lectura de los mensajes inconscientes

Nuestra experta en lenguaje corporal, Seltzer, decodifica las señales secretas del lenguaje corporal de atracción. Puede utilizar estos identificadores en su próxima cita para enviar y recibir los detalles necesarios, si así lo desea, para encender con éxito la calefacción y barrer a su pareja.

1. Cómo leer el lenguaje corporal femenino: la atracción desempaquetada

Entonces, ¿cómo las mujeres solteras levantan las manos y dicen: "Me gustas"?

— Expresiones faciales:

Las áreas clave a las que hay que prestar atención son los ojos y los labios. Una de las formas más sencillas de coquetear es una sonrisa. Una sonrisa es una forma de llamar tu atención, y si una mujer te está sonriendo, probablemente esté tratando de llamar tu atención.

Pero no termina ahí. La investigación muestra que la pupila de una mujer se dilatará cuando se sienta atraída sexualmente por un hombre y que el movimiento de los ojos seguirá un patrón de coqueteo específico. Ese movimiento de ojos es la base de la notoria mirada tímida, los ojos que se encuentran, hablan y las chispas vuelan.

–   Señales corporales:

Preste mucha atención a su pecho y sus manos. Las mujeres suelen llamar la atención sobre su cuello, hombros y muñecas para llamar la atención.

Actos inconscientes como encogerse de hombros, hacer girar su cabello, mostrar el interior de las muñecas y masajear su propio cuello son invitaciones sutiles para que te acerques a ella. Las mujeres se involucrarán en estos movimientos seductores para alentar inconscientemente a una posible pareja. Considere estas señales como Gestos de acicalamiento:

A menudo es un error pensar que las mujeres son pavos reales, que se acicalan y desfilan por su propio orgullo. El propósito de este tipo de exhibición es más bien una respuesta evolutiva instintiva para atraer a una pareja adecuada. Muchos hombres confunden este interés con la vanidad. Si parece que tu cita se mira en el espejo con frecuencia, se pinta los labios después de regresar del baño, se arregla el cabello y juega con él, créeme no está buscando la vanidad sino atraer a la persona adecuada.

2. Cómo leer el lenguaje corporal masculino: la atracción
    desinhibida

Ahora, exploremos formas de comprender el lenguaje corporal masculino y traducir el mensaje detrás del hombre y el misterio.

–   Expresiones faciales:

Al igual que con las mujeres, preste mucha atención a los ojos y labios de un hombre. La forma más sencilla de coquetear de un hombre es también una sonrisa; una sonrisa pícara y torcida, todo James Dean despreocupado y fresco con encanto de playboy.

Un hombre hará algo muy distintivo con sus labios si le gustas. Si le gusta lo que ve, sus labios se abrirán automáticamente por un segundo cuando sus ojos se encuentren por primera vez, y luego sus ojos escanearán el cuerpo de su cita, comunicando su atracción física por su belleza.

¡Finalmente, un hombre mostrará una expresión casi animal al ensanchar sus fosas nasales mientras captura su ojo! También se comunica con sus ojos. Cuando un hombre ve a alguien que le atrae, levanta las cejas y hace que sus ojos luzcan brillantes, grandes y atractivos, dando un significado más profundo a la idea de "hacerse ojos" el uno al otro.

– Señales corporales:

El movimiento del cuerpo de un hombre indica su interés y masculinidad. Hay actos inconscientes que los hombres realizan cuando se sienten atraídos por ti por primera vez. También puede moverse con entusiasmo y pararse cerca, tal vez tocándose ligeramente para conectarse y decir "Me gustas más que una amiga". Sorprendentemente, al igual que las mujeres, los hombres también juegan con su cabello. Pasará sus manos a través de él o lo alisará dependiendo del estilo que esté luciendo para que se vea más atractivo, una luz verde y ¡adelante!

– Gestos de acicalamiento:

Tradicionalmente se cree que las mujeres son el sexo que se pavonea y se contornea para impresionar. Sin embargo, aunque se desarrolló de manera diferente, los hombres también usan el comportamiento "pavo real", participando en comportamientos de acicalamiento y limpieza para comunicar atracción.

Todas estas son formas de decir que le gustas lo suficiente como para querer lucir bien para ti. Entonces, si está jugando y arreglando, no son necesariamente los nervios, ¡sino su forma de asegurarse de que se vea lo mejor posible el domingo para impresionar!

Batalla de sexos: código Morse para lenguaje corporal, atracción y comunicación

En resumen, hombres y mujeres están diseñados para enviar y recibir estas señales de atracción. Aunque los patrones de comportamiento no difieren significativamente entre hombres y mujeres, es imperativo que los mensajes no se pierdan en la traducción, ya que esta capa de comunicación se desarrolla de manera silenciosa y sutil, lo que significa que un mensaje puede irse fácilmente mal.

La batalla más grande puede ser simplemente arreglar los canales de comunicación entre una pareja. Recuerde concentrarse en las expresiones faciales, particularmente en los ojos y los labios; también en las señales corporales con indicaciones coquetas y gestos de acicalamiento si no está seguro. Estas son las zonas calientes en el juego silencioso del lenguaje corporal de atracción, y lo elijas o no, estás diciendo algo con cada momento, gesto y respuesta fisiológica.

Aprenda este lenguaje del amor para dominar el código y utilícelo con confianza para ser el autor de los mensajes que envía a su pareja, dando vida a sus relaciones y comunicaciones de una manera completamente nueva. El lenguaje corporal lleva la comunicación a un nivel primario, a menudo subconsciente. Para estar empoderado, aproveche estas habilidades en su beneficio cruzando la gran división entre "él no me ama" y "él me ama" utilizando la comunicación, incluido el lenguaje corporal, para conectarse auténticamente.

El lenguaje corporal de la atracción: consejos de expertos en citas

Para utilizar este súper poder en todo su potencial, Seltzer describió sus consejos expertos en citas para enviar, recibir e interpretar correctamente los signos de interés y atracción de su cita, y cómo enviar algunos de los suyos.

a) Remitente: comunique su interés

- Siéntese muy cerca para que pueda conectarse con el cuerpo de su cita. El tacto, el olfato y otros sentidos realmente pueden crear química y estimular la atracción cuando estás cerca de ellos.
- Vístete acorde a la situación. Ponga la intención detrás de planificar su atuendo para la cita para verse y, lo que es más importante, sentirse sexy, segura y atractiva.
- Usa tus ojos y sonríe. El contacto visual y la sonrisa son PODEROSOS porque muestran que estás interesado, comprometido y conectado.

b) Receptor: leer las señales de tu cita

- Sal de tu propia cabeza y presta atención a cómo tu cita se comunica con su cuerpo. La mayoría de las personas están más preocupadas por cómo se ven que por con quién están, en cuyo caso se pierde la oportunidad de cultivar esa atracción.

- Haz contacto visual con tu cita. ¡Míralos de verdad y conéctate con tus ojos para ver si te están dando señales o si sus pupilas están dilatadas!

- A veces, los mensajes silenciosos son los más fuertes. Mire las manos y la boca de su cita, el ángulo en el que está sentada y los movimientos que hace. La respuesta estará ahí.

- Al utilizar la percepción del lenguaje corporal, la atracción y los patrones de comportamiento de la comunicación, puede facilitar un diálogo abierto y honesto sin decir una palabra, empoderarse para expresar sus sentimientos e identificar, sin esperar ni preguntarse, el estado real de las cosas con su atracción.

¿Cuáles son los diferentes tipos de atracción del lenguaje corporal?

El lenguaje corporal es importante en el mundo de la comunicación. No es solo un complemento de la comunicación verbal, sino que a menudo es dominante. Algunas personas son naturales cuando se trata de emitir y comprender el lenguaje corporal, mientras que otras tienen dificultades para comunicarse y captar las pistas.

Muchas personas no quieren ser directas con sus palabras, por lo que el lenguaje corporal es una forma de dar pistas. Esto se aplica especialmente cuando te gusta alguien. Es difícil admitir que te gusta alguien, por lo que te comunicas dando pistas de lenguaje corporal con la esperanza de que la persona se dé cuenta. Si no estás seguro de si le gustas a esa persona, aquí tienes algunas señales comunes del lenguaje corporal que pueden significar que se siente atraída por ti.

- Contacto visual

El contacto visual es una de las mejores formas de saber si alguien está interesado en ti. Si siempre te están mirando, hay algo de interés.

El contacto visual es complicado. Debes mirar a alguien a los ojos, pero mirar demasiado tiempo puede ser un signo de agresión. Hay una diferencia entre la mirada y la ojeada. Si siempre están moviendo los ojos, puede que no haya interés o estén nerviosos. Además, a algunas personas no les gusta el contacto visual, incluso si les gustas. Por lo tanto, el contacto visual debe combinarse con otras señales del lenguaje corporal.

– Tocar el cabello

Siempre que la persona se toca el pelo, puede ser un signo de atracción. Sin embargo, tocar el cabello también puede ser un signo de nerviosismo. Es otro gesto que debe verse con la combinación de otros gestos del lenguaje corporal.

– Retorcerse y otros signos nerviosos

Estar nervioso es normal en una cita, pero si eres hombre, debes asegurarte de no lucir tan nervioso. Tenga en cuenta la frecuencia con la que se retuerce en su asiento o cuánto está jugando con algo como su cabello o un utensilio. Algunas personas encontrarán al hombre nervioso atractivo, mientras que otras pueden sentirse un poco desanimadas por él. Depende de la situación, honestamente.

– Inclinándose hacia adelante

¿Alguna vez has tenido una cita inclinada hacia adelante mientras hablaban contigo, casi como si estuvieran tratando de tocarte la cara? Inclinarse hacia adelante puede ser una señal de que se sienten atraídos por ti. Se están acercando porque pueden sentirse cómodos contigo y pueden estar buscando un

beso agradable. Inclínate hacia adelante con ellos y mira qué
pasa.

- El lenguaje del bolso

Si estás tratando de salir con una mujer y ella tiene un bolso,
ella puede usar el bolso como una forma de comunicarse
contigo de forma no verbal. Una mujer que esté interesada
sujetará su bolso sin apretar para que puedas acercarte a ella.
Si una mujer está nerviosa o siente repulsión por ti, puede
agarrar el bolso frente a ti. El bolso es más que una bolsa que
se usa para guardar artículos.

- El cruce de los brazos

Este es un signo de lenguaje corporal difícil de interpretar.
Alguien, generalmente un hombre, cruzando los brazos puede
ser un signo de estar a la defensiva o sentirse amenazado. Sin
embargo, muchas personas cruzan los brazos solo para
relajarse. Es uno de esos signos del lenguaje corporal que
necesitan más contexto antes de adivinar qué significa.

- El pie

Al observar el lenguaje corporal, probablemente esté
mirando la cara y las manos. No olvides los pies. Los pies
pueden ser una forma sutil de indicar interés. Si sus pies
apuntan hacia ti, podría ser una señal de interés.

Esto puede significar que se sienten cómodos contigo y

están interesados en lo que tienes que decir. Por supuesto, no deberías estar mirando sus pies por mucho tiempo, ya que esto puede ser un poco extraño.

- Tono de voz

Además del lenguaje corporal, una forma de interpretar a alguien es mediante el tono de su voz. Por ejemplo, alguien que tiene un tono de voz más alto cuando habla contigo puede estar interesado en ti. El tono de voz de una persona puede significar muchas cosas, así que preste atención a cómo cambia cuando habla con alguien.

- La dirección del cuerpo

Mira hacia dónde apunta el cuerpo. Si apunta en sentido contrario a usted, es posible que muestre que no está interesado o se siente amenazado. Están listos para salir cuando sea necesario. Sin embargo, si el cuerpo está volteado hacia ti, es posible que estén interesados y quieran escuchar lo que tienes que decir.

- Lamido sutil de los labios

Este es más el lenguaje corporal de una mujer. Si una mujer te está mirando y lame sutilmente los labios, es posible que esté interesada y quiera llevarte de regreso a su casa esta noche.

- El teléfono

Siempre estamos en nuestros teléfonos. No importa cuál sea

la situación, sacamos nuestros teléfonos y los miramos. Sin embargo, alguien que esté interesado en ti no estará mirando su teléfono todo el tiempo. Si estás tratando de hablar con ellos y, en cambio, están mirando la pantalla, es posible que estén nerviosos o simplemente no estén interesados en ti.

– La velocidad del lenguaje corporal

Otra cosa que debe tener en cuenta es la velocidad. Si alguien mueve sus extremidades rápidamente y de manera desigual, esto puede ser una señal de que está nervioso por algo o que no confía en lo que está haciendo. Sin embargo, si la persona está haciendo movimientos suaves y controlados, puede ser una señal de que tiene confianza e interés.

– Te tocan

Tocar a tu cita, incluso si es leve y casi inocente, es una señal segura de que tienen interés. Tocar a otra persona que no conoces es todo un movimiento, ya que a muchos no les gusta que los toquen. Incluso si es algo que se llama inocente, como si te dijeran que te están tocando para quitarte algo de comida de la ropa.

Si quieres tocar a tu cita, debes asegurarte de que estén interesados. Mire su lenguaje corporal y tóquelo cuando haya un momento en la conversación para hacerlo. No lo hagas sin motivo. Asegúrese de que estén cómodos y retroceda si no lo sienten.

- Besos

Cuando tú y tu cita se inclinan para besarse, esta es una señal obvia de que ustedes dos tienen una conexión. Sin embargo, cómo se ejecuta el beso puede decir mucho. Alguien que te besa en la mejilla puede estar probando las aguas. Ir por los labios es una señal segura de que están interesados en ti.

- Todos son diferentes

El lenguaje corporal es una buena manera de saber cómo se siente alguien por ti, pero debes recordar que todos somos un poco diferentes. Algunas personas mostrarán todos estos signos, pero es posible que no estén interesadas en ti. Otros pueden parecer distantes con su lenguaje corporal, pero al final les agradas.

Estos artículos son buenas suposiciones sobre lo que la persona puede estar sintiendo, pero a veces, tienes que descubrir la forma en que la persona se comunica de forma no verbal. Puede haber ciertas áreas que sean diferentes o iguales.

Además, debes recordar que algunas personas son malas para leer y dar lenguaje corporal. Ciertos trastornos también pueden afectar eso. Sea paciente con aquellos que no son buenos en la comunicación no verbal.

- ¡Busca ayuda!

Si tiene problemas para reconocer el lenguaje corporal o expresar el suyo, puede solucionarlo. Una forma es investigar y tratar de mejorarlo usted mismo. Otra forma es hablar con un profesional sobre sus preocupaciones. Un consejero puede averiguar por qué tiene dificultades con el lenguaje corporal y tomar medidas para poder comunicarse de una manera mucho más natural.

Un consejero de relaciones también puede ayudar con cualquier problema de comunicación que pueda estar experimentando. La falta de comunicación ocurre mucho cuando se trata del lenguaje corporal y esto puede causar algunos trastornos en su relación. Un consejero puede ayudar a asegurarse de que los dos estén en la misma onda.

El lenguaje corporal es difícil de entender a veces y, a veces, el lenguaje puede ser contradictorio. Puede parecer que están interesados, pero luego hacen algo como mirar mucho su teléfono o no mirarte a los ojos. Es difícil averiguar qué significan, y un consejero también puede ayudar a lidiar con casos como estos. Si tiene algún problema, busque asesoramiento hoy mismo y se alegrará de haberlo hecho.

¿En qué se diferencia el lenguaje corporal femenino del lenguaje corporal masculino? Diferencias y similitudes en las exhibiciones de atracción

Las aplicaciones de citas le han quitado gran parte del estrés que conlleva tratar de encontrar una pareja, pero aún necesita poder leer el lenguaje corporal de alguien para saber si se siente atraído o no por usted cuando lo conoce en persona. Esto es especialmente cierto cuando no está en una situación de citas y ha conocido a alguien por primera vez. Entre hombres y mujeres, estas demostraciones físicas de afecto variarán, y es importante comprender el lenguaje corporal de ambos sexos antes de decidirse a seguir adelante con otro.

Si tienes una mujer o un hombre en tu vida con quien estás interesado en salir o engancharte, aquí tienes una guía que te ayudará a comprender mejor los signos de atracción del lenguaje corporal masculino y femenino para que puedas determinar si tienes o no un socio potencial en sus manos.

¿Cómo muestran los hombres atracción?

Si bien existe cierta superposición entre el lenguaje corporal masculino y femenino, los signos de atracción pueden parecer principalmente diferentes en hombres y mujeres. En el caso de los hombres, el lenguaje corporal masculino generalmente incluye:

- Los hombres a menudo inflan el pecho y enfatizan otras áreas de su físico en un intento de atraer más a su pareja deseada.

- Asumirán una postura o posición extendida que muestre su dominio y comodidad con la otra persona.

- La postura a menudo se vuelve más recta cuando ven a alguien que les agrada

- Su voz se hará más profunda

- Harán más contacto visual y mostrarán otras señales faciales como levantar una ceja, tocarse la cara y separar los labios. La cara, en general, tendrá una cualidad más abierta.

- Tocarán diferentes partes de su cuerpo y ropa para arreglarse y mostrarte que quieren que prestes atención.

- Lo verás mirándote activamente, algo que no harían si no estuvieran interesados

- Golpeará con los pies, jugará con su ropa o participará en otros tipos de comportamientos nerviosos.

- Se inclinará más cerca y participará más en la

conversación.

- Sus pies apuntarán hacia ti

- Intentará impresionarte físicamente o contándote más sobre su vida.

Las principales similitudes radican en cómo hombres y mujeres intentarán llamar la atención sobre sí mismos, pero el hecho es que no verás a las mujeres abrirse o enfatizar sus músculos para atraer a una pareja. Entonces, ¿qué hacen las mujeres?

Lenguaje corporal femenino: signos de atracción en el sexo opuesto

Cuando se trata de averiguar si a una mujer le gustas o no, algunos de los principales signos de atracción incluyen:

- A diferencia de los hombres, las mujeres suelen experimentar un cambio de tono que hace que su voz suene más suave y aguda.

- Las pupilas de una mujer se dilatan cuando ve a alguien que le gusta

- Ella llamará más la atención sobre su cuello y hombros.

- Una mujer puede moverse alrededor de su blusa, arreglarse el maquillaje o jugar con su cabello para ser más atractiva para su pareja deseada.

- Pueden ser expresivos pero no demasiado expresivos, generalmente manteniendo las manos sobre la mesa o debajo de ellas.
- Se inclinarán más cerca de la pareja que les gusta y pueden tocar a su cita con frecuencia para expresar interés.
- Las mujeres comenzarán a reflejar el lenguaje corporal de un hombre si le gusta.
- Cruza o toca sus piernas con frecuencia
- Puede morderse los labios o lamerse los labios en ocasiones.

Como puede ver en lo anterior, hay algunas formas similares en las que hombres y mujeres darán a conocer que se sienten atraídos por alguien. Ahora que tiene una mejor idea de cómo interactúan ambos sexos, la siguiente pregunta a menudo es: ¿qué se supone que debo hacer si siento que le agrado a alguien?

- Continúe hablando con ellos y envíeles señales que demuestren que también está interesado

Incluso si alguien está interesado en usted, aún debe enviar señales que le hagan saber que usted también está interesado. De lo contrario, pueden sentir que están perdiendo el tiempo y se darán por vencidos para perseguir a otra persona.

- Trate de averiguar lo que quieren y lo que buscan

Dependiendo de la situación, muchas personas coquetearán por varias razones. Si estás en una cita, estás tratando con alguien que siente más que una atracción sexual hacia ti, y normalmente puedes saber si está dispuesto a seguir adelante con eso o no. Si un extraño muestra interés en ti, por otro lado, puede estar coqueteando porque está buscando una pareja, o puede estar coqueteando porque está interesado en tener sexo contigo.

Mientras habla con ellos, trate de determinar qué puede ser. Puede guiar la conversación hacia esa área para ver lo que buscan hacer. Luego, puede llegar a una mejor conclusión sobre lo que está dispuesto a hacer y si eso se alinea con los intereses de la otra persona o no.

- Decide cómo quieres avanzar desde aquí

Si crees que alguien está demostrando que se siente atraído por ti, ya sea que estés en una cita o hayas conocido a alguien en una situación social que no conoces, el siguiente paso es hacer un movimiento. Si se trata de una persona nueva, es posible que desee invitarla a salir primero para evaluar mejor su interés. De esta manera, puede determinar si se trata de alguien a quien le interesa conocer mejor.

Por supuesto, siempre es importante asegurarse de recibir su consentimiento antes de hacer algo físico. Hay algunos casos en los que puede interpretar mal ciertas señales y es importante obtener el permiso de alguien antes de hacer algo.

Cómo lidiar con los errores al leer las señales no verbales

Si malinterpreta una situación, no se sienta avergonzado. Discúlpate con la otra persona por el error y sigue adelante. Si se trata de alguien a quien conoce, como un amigo, aún puede continuar con su relación pasada sin permitir que este malentendido cambie el presente. ¡Los errores son cómo aprendemos!

Cómo utilizar el lenguaje corporal para aumentar las ventas

No es solo lo que dices; así es como lo dices. De hecho, lo que dices importa mucho menos que cómo te perciben, especialmente en ventas. Debe irradiar confianza y tranquilidad al llamar a los prospectos. Porque, si no lo hace, ellos se darán cuenta y no se lo considerará confiable ni valorado.

Comunicación no verbal en ventas

El mensaje que transmite en una conversación de ventas es 55% comunicación no verbal y lenguaje corporal, 38% tono de voz y solo 7% en las palabras que realmente usa. Aquí hay algunos consejos sobre cómo puede usar su lenguaje corporal para aumentar las ventas

– Contacto visual

¿Son los ojos realmente las ventanas del alma? Sea cierto o no, las pupilas son una de las pocas áreas del cuerpo que no podemos controlar. Los ojos y las cejas cuentan historias asombrosas, como la mayoría de su reacción emocional inmediata a lo que la gente dice y muestra en su expresión facial, ya sean respuestas positivas o negativas.

Si mantiene un contacto visual mínimo con su cliente potencial o cliente durante la reunión, es probable que piense que está distraído o que simplemente no está interesado en lo que tiene que decir. Del mismo modo, si no la mira a los ojos mientras habla, puede hacerles sentir que está siendo deshonesto con lo que está diciendo y es poco probable que confíen en usted.

Haga contacto visual con sus prospectos y clientes durante la interacción de ventas, y asegúrese de que su expresión facial sea tranquila y relajada. Esto no solo les permite sentirse relajados y confiar en usted, sino que al mantener el contacto visual, puede ver la dilatación de la pupila y saber lo que piensa el cliente potencial.

Generalmente, los alumnos se ensanchan cuando están felices o interesados y se estrechan cuando están preocupados o molestos.

– Expresiones faciales

Toda nuestra vida, usamos nuestros rostros para comunicarnos entre nosotros. Tus expresiones faciales no solo se comunican por lo que retratan tus ojos, sino también en la forma:

Tu boca se mueve cuando habla. La forma en que tu nariz se arruga. Una frente arrugada o relajada. La tensión que surge en tu cuello. Cuando hable, asegúrese de que sus labios estén relajados (no apretados) y de que tenga una leve sonrisa. Eso demostrará que es positivo acerca de la información que está dando y que está complacido de poder compartir su experiencia y conocimiento con el cliente potencial.

- Los brazos y el torso

La forma en que sostienes los brazos y el torso puede revelar mucho sobre lo que estás pensando. Si cruza los brazos de forma natural, evite esta tentación colocando sus manos en su regazo mientras escucha.

Tu postura revela mucho, ¡así que escucha a tu madre y no te encorves! Inclínese ligeramente hacia adelante y concéntrese en escuchar activamente. Si tiene el hábito nervioso de hacer clic con el bolígrafo o dar golpecitos con los dedos de los pies, guarde el bolígrafo y cruce las piernas por el tobillo. De lo contrario, su lenguaje corporal le dice al prospecto que está impaciente, agitado o aburrido.

- Las piernas

A menos que esté en un tipo de venta muy específico, sus piernas no deben notarse durante su cita. Sin embargo, los vendedores a menudo no piensan en controlar sus piernas o pies durante una reunión. Entonces, nuevamente, no golpee los dedos de los pies, no cruce y descruza las piernas constantemente, y haga todo lo posible para que su prospecto olvide que tiene piernas durante el tiempo que está hablando.

Recuerde que sus propias expresiones no verbales deben ser positivas para obtener una respuesta favorable de su comprador.

- Sea consciente de su lenguaje corporal durante una interacción de ventas

Tu lenguaje corporal durante una reunión de ventas puede fácilmente volverse en tu contra, así que ten en cuenta que cómo te sientes no siempre es como te perciben. Por ejemplo.

Tu cliente no te conoce, por lo que está usando señales no verbales para leerlo. Sea consciente de su lenguaje corporal durante sus citas, dé las señales correctas y haga que la primera impresión de su cliente potencial sea buena.

- El ideal: emparejar y reflejar

La forma ideal de retratarse a sí mismo en una interacción de ventas es igualar y reflejar el lenguaje corporal de sus prospectos y clientes. Al reflejar los mismos gestos, movimientos y postura que su cliente, conseguirá que se relaje y que se sienta lo más cómodo posible durante su reunión.

Sin embargo, existe una delgada línea entre reflejar e imitar, y a nadie le gusta que lo imiten. La idea es hacer que la otra persona se sienta cómoda en tu presencia y demostrarle que estás involucrado, interesado y enfocado en ella. Al dominar el arte de hacer coincidir y reflejar el lenguaje corporal de sus clientes potenciales y clientes durante sus interacciones de ventas, seguramente encontrará sus presentaciones futuras mucho más exitosas.

6 ejemplos de comunicación no verbal para aumentar las ventas

¿Qué es la comunicación no verbal? Se refiere al uso de la comunicación sin usar el lenguaje hablado. La comunicación no verbal a menudo conocida como lenguaje corporal es muy importante para obtener lo que desea en la vida, especialmente en la venta. El mensaje que transmite en una conversación de ventas es 55% lenguaje corporal y comunicación no verbal, 38% tono de voz y solo 7% en las palabras que usa.

La gran mayoria de las personas es visuales, por esta razón, ellas se ven más afectadas por el mensaje que se transmite, y esto generalmente se comunica por la forma en que usa su cuerpo. Siga estos 6 consejos para utilizar el lenguaje corporal para obtener lo que desea en cualquier venta.

1) Caminar y Hablar

Comprender el lenguaje corporal es muy importante, incluso cuando camina. Cuando caminas, imagina que tu cabeza cuelga de una cuerda, manteniendo todo tu cuerpo erguido. Debe respirar profundamente con los hombros y la columna recta. Levanta la barbilla y mira al frente.

Camine y muévase con fuerza y confianza. Agarrar el

ritmo. No te muevas. Muévase rápido, como si tuviera lugares adonde ir y gente que ver. Su lenguaje corporal general debe ser el de una persona ocupada, activa, segura y eficaz.

2) Dar la mano con firmeza y plenitud

Cuando conozca gente, dé un apretón de manos fuertes, un apretón de manos completo y firme. Esta primera impresión física inicial a menudo puede hacer o deshacer la venta para usted. Eche un vistazo a estos ejemplos de comunicación no verbal al darse la mano para comprender por qué es importante.

Cuando la gente siente tu mano, miden tu carácter. Cuando su apretón de manos es fuerte y firme, asumen que tiene buen carácter y, por extensión, representa un buen producto o servicio. Algunos vendedores dan un apretón de manos débil e indiferente, como si ofrecieran un pescado frío. Otros dan un "medio apretón de manos", ofreciendo sus dedos en lugar de un apretón de manos completo.

3) Tu primera impresión

Cuando conozca a un cliente potencial por primera vez, ofrezca su mano, mire al cliente potencial directamente a los ojos y diga: ¿Cómo está? Esto le ayudara a tener una relación exitosa con esa persona y además será una muy buena impresión

4) Siéntese erguido, mirando hacia adelante

Es fundamental comprender el lenguaje corporal en las ventas cuando se trata de su postura. Cuando se sienta en una situación de ventas, siempre mire directamente al cliente potencial. Nunca se apoye en el respaldo de la silla. Esto lo hace parecer relajado y despreocupado por el propósito de su visita. En cambio, siéntese con la espalda erguida.

Inclínese ligeramente hacia adelante. Manténgase alerta y participe completamente, tanto física como mentalmente, en la conversación de ventas. Debería verse como un corredor en la marca, esperando el pistoletazo de salida.

Estamos muy influenciados por el lenguaje corporal de las personas con las que hablamos. Cuando está sentado con la espalda recta, inclinado hacia adelante y consciente de su entorno, hace que el cliente potencial también esté más interesado y consciente. Él o ella le prestarán más atención y estará más involucrado en su mensaje de ventas.

A nivel inconsciente, el prospecto asume que lo que tienes que transmitir es importante y valioso. Por lo tanto, esa persona le prestará más atención que si estuviera recostado y relajado durante la conversación de ventas.

5) Consiga que la perspectiva se abra

Cuando se reúna con un cliente potencial en persona, desea que se abra y comprender la comunicación no verbal en las ventas puede ayudarlo a determinar su estado mental. Si un cliente potencial está sentado con los brazos cruzados, no suele ser una buena señal. En ocasiones es porque la oficina hace demasiado frío, pero en la mayoría de los casos se trata de comunicación no verbal por ser desinteresado.

Cuando los brazos de una persona están cruzados, generalmente significa que su mente está cerrada. Cuando abre los brazos, abre la mente.

Consiga que el cliente potencial abra los brazos. Afortunadamente, es bastante sencillo. Para abrir al cliente a su mensaje, comience haciendo preguntas. Si no se relaja y no abre los brazos, entréguele algo físicamente, como un folleto o una lista de precios para leer. Pídale que calcule un número o que le dé una tarjeta de presentación.

6) Use un lenguaje corporal positivo

Las piernas cruzadas pueden enviar el mismo mensaje. Cuando se cruzan las piernas de un cliente, por lo general es una comunicación no verbal lo que significa que está reteniendo información. Si sus piernas están cruzadas a la altura del tobillo, significa que no te están diciendo todo lo que necesitas saber.

Tu prospecto tenderá a imitar tu propio lenguaje corporal, así que asegúrate de usarlo para vender. Cuando deliberadamente mantienes los brazos abiertos y las manos abiertas, con los pies apoyados en el suelo y los tobillos sin cruzar, tu prospecto a menudo se involucrará en el mismo lenguaje corporal.

Señales de lenguaje corporal que solo los mejores vendedores pueden leer

La capacidad de leer las señales del lenguaje corporal y responder en consecuencia es un arma importante en el arsenal de un vendedor. Como vendedor, debe buscar activamente "escuchar" el lenguaje corporal de su cliente potencial, tanto como esté escuchando las palabras que están diciendo.

En cierto nivel, los humanos prestamos atención y reaccionamos naturalmente al lenguaje corporal. Cuando ves a alguien sonreír, sabes instintivamente que está feliz (o al menos te indica sentimientos positivos). Sabes que la respuesta adecuada suele ser devolverle la sonrisa.

¿La mejor parte? Leer las señales del lenguaje corporal es una habilidad que cualquiera puede aprender y, con la práctica, convertirse en un experto. Aquí hay algunos indicadores clave a los que debe prestar atención, así como algunas sugerencias de reacciones apropiadas que lo ayudarán a cerrar el trato.

- Ojos

Ciertamente son ventanas a la mente. Los ojos de su cliente potencial pueden decirle mucho, especialmente porque las pupilas son una de las pocas áreas del cuerpo sobre las que no tenemos control. Asi que te daré algunos tips para interpretar algunas señales que puede hacer la persona que se convertirá en tu cliente.

Lo primero que debes saber es que hacia donde mire tu cliente, es allí donde está su interés. Eso significa que si un cliente potencial te está mirando, está pensando en ti y en lo que estás diciendo

Si están mirando el producto o la documentación que ha traído, es posible que desee preguntarles si tienen alguna pregunta al respecto. Si están mirando hacia la puerta, probablemente estén pensando en cómo desearían poder irse ahora mismo; puede volver a involucrarlos dándoles la palabra, para que puedan ventilar sus preocupaciones.

Tenga en cuenta que un cliente potencial no puede mirar fijamente, sin pestañear, lo que está pensando. A menudo, los ojos de un cliente potencial se mueven por la habitación pero continúan volviendo a lo que están pensando.

Si un prospecto te está mirando fijamente (no simplemente mirándote pasivamente), esto puede indicar la necesidad de controlar la reunión, ya que la mirada constante se considera intimidante en las culturas occidentales. Asegúrese de darle tiempo a este prospecto para hablar y resolver cualquier inquietud que tenga.

Mantenga la calma y la tranquilidad y utilice un enfoque de

venta suave para asegurarse de que el cliente potencial se sienta en control de sus preocupaciones y confíe en usted. Cabe señalar que "mirar fijamente" significa que el cliente potencial hace contacto visual contigo alrededor del 80% del tiempo o más. El contacto visual del 60-70% es el punto óptimo.

Un cliente que hace contacto visual entre el 60 y el 70% del tiempo indica no solo interés en usted sino que está de acuerdo.

La dilatación de la pupila puede decirle lo que está pensando un cliente con asombrosa precisión y puede ser particularmente útil durante la lectura del contrato. En general, los alumnos que se ensanchan te dicen que un alumno está contento o interesado con lo que estás diciendo o lo que están leyendo. Las pupilas estrechas significan que tienen preocupaciones o incluso que están molestas.

Puede preguntar sobre las preocupaciones de su cliente potencial si ve que sus alumnos se reducen. Por el contrario, puede enfocar más su tono en las cosas que hicieron que sus pupilas se ensancharan.

– Otras señales faciales

Desde el nacimiento, los humanos aprendemos rápidamente a usar nuestras caras para comunicarnos entre nosotros. Una de las primeras cosas que los bebés aprenden a hacer es sonreír. Y aunque hay una amplia gama de emociones y pensamientos que podemos expresar conscientemente con nuestros rostros, también hay muchas que transmitimos inconscientemente.

Primero, lo obvio: sonreír y asentir con la cabeza = siempre es algo bueno. Si su cliente potencial está haciendo una o ambas cosas, está en aguas tranquilas. Siga haciendo lo que está haciendo.

Por el contrario, cualquier tensión en la cara o el cuello indica que su cliente potencial está descontento o nervioso. Esto puede manifestarse, por ejemplo, como fruncir los labios, entrecerrar los ojos o arrugar la nariz. Cuando veas esta reacción, pregúntale a tu cliente sobre sus preocupaciones o anímalo a tomar la palabra. Necesita escuchar sus problemas para poder resolverlos.

– Manos / Brazos

Las manos son extremadamente expresivas. Después de todo, existen lenguajes enteros que utilizan únicamente señales con las manos. Y al igual que la forma en que nuestras bocas se pueden usar tanto consciente como inconscientemente para decir e implicar pensamientos, las manos son capaces de una gran cantidad de comunicación.

Si su cliente tamborilea con los dedos, sugiere impaciencia. En este caso, acelere su presentación o simplemente vaya directo al grano. Está trabajando con alguien que no tiene tiempo o no quiere tomarse el tiempo para repasar todos los pequeños detalles desde el principio.

Si su cliente potencial está jugando con cosas sobre la mesa, como el papeleo o su bolígrafo, esto puede indicar aburrimiento o molestia. Para determinar cuál es, puede prestar atención a otras señales corporales. De cualquier manera, querrá reaccionar generalmente de la misma manera. Haga una pregunta a su cliente, lo que le permitirá expresar sus pensamientos o volver a participar en la conversación.

Cuando una persona descansa un brazo en su apoyabrazos y se apoya en él, inconscientemente le está haciendo saber que tiene el deseo de abandonar la reunión. Si bien no es una buena señal, aún puede guardar la reunión. Nuevamente, pida a su cliente que hable aquí.

Señalar y golpear con los dedos le dice que su cliente está tratando de intimidarlo. Esta es una fuerte señal de mano para hacer, y puede responder, nuevamente, asegurándose de estar constantemente abordando las inquietudes y preguntas de su cliente potencial.

Otro signo importante a tener en cuenta es la apertura de la postura del cliente. Ya sea de pie o sentado, si sus hombros están alineados con los tuyos y sus manos están abiertas para ti, eso significa que están interesados y comprometidos con lo que estás diciendo. Si sus manos están volteadas y su cuerpo hacia adentro o hacia afuera de ti, estás mirando a alguien a quien no le gusta lo que estás diciendo. Lo mismo ocurre si su cliente potencial está cruzado de brazos.

– Pies

Los pies son quizás una fuente sorprendente de lenguaje corporal. Sin embargo, esa es exactamente la razón por la que son tan útiles.

Puedes darte cuenta con bastante facilidad de que alguien está abierto a tus ideas si sus pies están apuntando hacia ti, y si apuntan hacia otro lado, esa persona normalmente está cerrada a escucharte. Esto es cierto cuando el cliente potencial está sentado o de pie. Pregúntele a este cliente potencial sobre sus pensamientos. Haz que hablen para que entiendas por qué no están interesados.

Compruebe y vea si ha estado hablando durante un tiempo y dele a su cliente la oportunidad de tomar la palabra. Saltar o golpear con los pies también puede indicar que un cliente siente que tiene la ventaja en una negociación: ¡tiene pies literalmente felices!

En última instancia, leer las señales del lenguaje corporal no se trata de ser un vendedor viscoso que conoce los trucos de magia adecuados para ganar dinero rápido. Se trata de ser empático con su cliente potencial y establecer una relación con él. En muchos sentidos, leer el lenguaje corporal es solo otra faceta de ser un gran oyente. Y los mejores vendedores también son los mejores oyentes.

- Exuda confianza

Deja de encorvarte. De pie, inclinado ligeramente hacia adelante y con los hombros hacia atrás, se verá más seguro y atractivo. Relaje los hombros para que no parezca tenso.

- Conéctate con otros

Haga coincidir la velocidad con la que habla con los demás en la habitación. Si habla demasiado rápido, la otra persona se sentirá presionada. Demasiado lento, y pensarán que eres un vago o que les hablas mal. También debes asegurarte de asentir de vez en cuando mientras escuchas a otra persona.

- Mantén la calma, la tranquilidad y la serenidad

Si tienes las manos en alto y las frotas, obviamente estás emocionado. Si están apretados y juntos, se siente frustrado. Mantenga las manos al frente o al costado y relajadas, con los dedos juntos. Esto demostrará que está tranquilo, sereno y sereno.

- Ponte en pie y hazlo todo con igualdad

Cuando se trata de apretones de manos, se trata de presión. Si aplica demasiada presión, se le percibe como dominante o ignorante, pero si es demasiado débil, la gente pensará que no tiene confianza en sí mismo. Desea intentar reflejar el apretón de manos de la otra persona, lo que los pondrá a ambos en la misma página.

– Honestidad

No te toques la cara. Cubrirse ligeramente la boca, frotarse los ojos, rascarse la nariz o tocarse otras partes de la cara cuando habla es un indicador de que una persona está mintiendo. Metiéndose la nariz, eso es otra historia.

– Haz que los ojos cuenten

Los ojos envían mensajes poderosos. Asegúrate de hacer contacto visual, pero evita mirar fijamente. El contacto visual puede ayudar a construir una conexión, así que asegúrese de hacer contacto visual al menos la mitad del tiempo.

– Cuidado con los brazos

La forma en que sostenemos nuestros brazos es una señal de cuán abiertos o cerrados estamos. Por lo tanto, esto significa que debe evitar cruzarlos, lo que lo hará parecer cerrado o a la defensiva. Más bien, simplemente relájalos a tu lado.

7 ejemplos de lenguaje corporal que destruyen las ventas

Cuando se trata de comunicación, el lenguaje corporal es tan importante como las palabras que pronuncias. Y un lenguaje corporal deficiente le costará ventas, sin importar qué tan bueno sea su discurso. La buena noticia: puede aprender a controlar su lenguaje corporal. Y para ayudarlo a descubrir dónde puede necesitar mejorar, hemos recopilado siete de las peores formas en que puede manejar su cuerpo cuando se relaciona con los clientes:

1. Evitar el contacto visual

En el mundo es bueno mantener el contacto visual entre el 70% y el 80% del tiempo. Más y puede parecer amenazador, menos y puede parecer incómodo o desinteresado. El buen contacto visual irradia confianza, compromiso y preocupación. Además, lo ayudará a leer las emociones y el lenguaje corporal de sus clientes.

2. Mala postura

Ya sea en su escritorio o de pie, la postura es importante. Colgar la cabeza o encorvar los hombros puede hacer que se vea cansado e inseguro. En cambio, mantenga la espalda recta y el pecho abierto.

Cuando se sienta con un cliente, está bien inclinarse un poco hacia adelante para mostrar interés. Sin embargo, inclinarse demasiado hacia adelante puede hacer que parezca que se está arrastrando, y sentarse demasiado atrás puede hacer que parezca dominante.

3. Movimiento extra de la boca

Algunas personas mueven la boca incluso cuando no están

hablando. Morderse o torcerse los labios a menudo le hace parecer incómodo o como si estuviera reteniendo algo, como una réplica o un insulto. Y si está regalando una sonrisa, recuerde: una sonrisa real incorpora sus dientes y ojos.

4. Manos fugaces

Mantenga sus manos a la vista. Métetelas en los bolsillos hará que la gente piense que no estás comprometido o que estás ocultando algo. Intente mantenerlos abiertos con las palmas hacia arriba para demostrar que es receptivo y amigable. Y siempre evite hacer puños con las manos.

5. Invadir el espacio personal

Al interactuar con los clientes, generalmente es mejor pararse entre uno y cuatro pies de ellos. Esto te acercará lo suficiente para interactuar sin que se sientan incómodos. Las áreas más cercanas a un pie generalmente están reservadas para familiares y amigos.

6. Mantener una postura defensiva

Cruzar los brazos o las piernas a menudo parece estar a la defensiva. Si siente que necesita cruzar los brazos porque tiene frío, asegúrese de sonreír y parecer acogedor. Cuando esté de pie, trate de mantener las piernas separadas al ancho de los hombros.

7. Movimientos excesivo

Acciones inconscientes como hacer girar un bolígrafo o dar golpecitos con los pies son indicaciones comunes de impaciencia. Lo mismo es cierto para dar golpecitos con los dedos o girar los pulgares. Sea consciente de sus propias garrapatas personales y de la forma en que pueden comunicarse con los demás.

PNL y el Lenguaje Corporal

Sólo el 7% de su comunicación es verbal... ¿Está desperdiciando el otro 93%? Esta estadística comúnmente citada se basa en un famoso estudio de Mehrabian y Ferris, publicado por primera vez en 1967 y que ha sido confirmado por otros estudios desde entonces. Por supuesto, los hallazgos han sido cuestionados y el propio Mehrabian reconoció que son más precisos en ciertas situaciones que en otras.

Antes de decidir poner énfasis en la tonalidad, el lenguaje corporal o la expresión facial en sus presentaciones, vale la pena considerar algunos hechos porque existe una razón por la cual la Programación Neuro-Lingüística (PNL) enfatiza la importancia de la conciencia del lenguaje corporal, también de los patrones tanto verbales como no verbales.

2 razones por las que los eventos en vivo y los videos se convierten mejor que cualquier otro medio

Hay una razón por la que tanta gente realiza eventos en vivo (incluidas conferencias, reuniones, seminarios y presentaciones de ventas) en estos días y es económico, no sentimental. Ciertamente no es una cuestión de conveniencia porque los eventos en vivo son complejos y costosos de organizar. El video es la alternativa remota más cercana y comparte muchas (pero no todas) las características positivas de un evento en vivo.

- Formando confianza. Observar las expresiones faciales y el lenguaje corporal de una persona y escuchar su voz genera confianza, asumiendo que son congruentes con el mensaje que transmite.
- Mejora de la conexión. Compramos a personas que conocemos, que nos gustan y en las que confiamos, y ver y escuchar a una persona mejora la simpatía y el sentido de conexión.

Es por eso que organizar un evento en vivo puede ser increíblemente poderoso y por qué los resultados de ventas que brindan hacen que el esfuerzo y el gasto valgan la pena. El simple hecho de que su audiencia haya realizado un gran esfuerzo para presentarse en persona los hace más abiertos y receptivos a su mensaje

¿Tus señales no verbales contradicen tu mensaje?

La comunicación no verbal y el lenguaje corporal de la mayoría de las personas son inconscientes. En las conversaciones cotidianas, probablemente haya notado personas cuyas palabras dicen una cosa, que su lenguaje corporal y su tonalidad contradice rotundamente. Los vendedores que intentan vender un producto y los amigos o familiares que quieren ser "agradables" son los infractores más comunes.

Sin embargo, al mismo tiempo, te das cuenta de su falta de voluntad para mantener el contacto visual, la forma en que se inclinan lejos de ti en su silla o algunos otros movimientos sutiles que demuestran que no están tan realmente convencidos como esperan que creas. Esta parte de cualquier curso de Programación Neurolingüística (PNL) crea con frecuencia la mayor transformación en las relaciones de las personas, tanto personales como comerciales.

Los oradores suelen hacer lo mismo. Han preparado cuidadosamente las palabras que van a pronunciar para transmitir un mensaje en particular. Ellos, o posiblemente su redactor de discursos, han determinado los patrones de lenguaje que deben usar, la terminología y fraseología precisas que llevarán a la audiencia hacia el resultado deseado, y las inflexiones vocales que seguramente transmitirán su mensaje. Sin embargo, a menudo queda claro a través de sus gestos y lenguaje corporal que ellos mismos no son totalmente congruentes con su mensaje.

¿Sus señales no verbales distraen su mensaje?

Un orador puede ser 100% sincero con absoluta congruencia entre su lenguaje corporal y sus palabras, pero sus gestos inconscientes pueden distraer a la audiencia y evitar que su mensaje se asimile. He escuchado presentaciones en las que me he visto obligado a cerrar los ojos para que No puedo ver al presentador para concentrarme en lo que está diciendo. ¡Esto no es bueno cuando su presentación está diseñada para crear un resultado específico!

Cuando se da cuenta de sus gestos inconscientes, está en condiciones de elegir aquellos gestos y expresiones que sirvan a sus objetivos y eliminar aquellos que distraen de ellos. Algunos gestos son apropiados en ciertos entornos e inapropiados en otros entornos. ¿Sabes qué gestos podrían ser? ¿Alguna vez ha pensado en el mensaje que su contacto visual (o la falta de él), sus gestos con las manos, su ritmo o su postura pueden comunicar?

Usar señales no verbales para reforzar su mensaje

Cuando está a la vista de una audiencia (en vivo o por video), puede amplificar el resultado deseado asegurándose de que sus movimientos, gestos, expresiones faciales, tonalidad de voz y contacto visual sean congruentes con cada palabra que pronuncie.

Incluso si está sentado detrás de su pantalla y su audiencia solo escucha su voz, a menos que se concentre en sus palabras mientras habla, los objetivos que tiene para su presentación y la imagen completa que desea presentar, llegará a su audiencia . Es importante actuar como si estuvieras a la vista de la audiencia y ellos pudieran ver cada gesto que haces para que tus palabras lleven la plena convicción de tus pensamientos. Es sorprendente la diferencia que esto hace en su resultado.

Es posible que haya visto oradores que se pasean incesantemente durante sus discursos y se mueven mientras hablan. Esto no está mal. Puede ser una excelente manera de involucrar a tu audiencia y anclar sus emociones y sus pensamientos a ciertos conceptos o partes del escenario. Lo importante que hay que aprender es cómo hacer esto conscientemente en lugar de que simplemente ocurra por defecto.

El anclaje es un poderoso concepto de programación neurolingüística (PNL) que los hablantes pueden utilizar para reforzar su mensaje. Sin embargo, los oradores que no entienden este concepto pueden confundir a su audiencia simplemente usando el mismo lugar en el escenario para anclar mensajes y emociones contradictorios.

Muchos comediantes pueden provocar la risa de la audiencia simplemente haciendo un gesto hacia la posición desde la que anteriormente contaron un chiste. Los políticos utilizan tácticas similares para provocar la indignación o la ira de los electores. Como orador, esta es una herramienta muy poderosa para atraer, mantener y reavivar el interés de su audiencia y guiarlos hacia el resultado deseado

Cuatro formas de empoderarse con el lenguaje corporal

No estoy aquí para decirles que el lenguaje corporal es más

influyente que la comunicación verbal. Eso ya lo sabes, ¿verdad? Sin embargo, ¿cómo se puede aprovechar el poder del lenguaje corporal sin pasar años estudiándola? Tendrás cuatro grandes ideas al final de esta breve publicación.

Todo comienza con la congruencia. La congruencia ocurre cuando estás alineado por dentro y por fuera. En otras palabras, no hay conflicto interno ni signos de vacilación. Cuando eres congruente, eres poderoso. La congruencia es un estado raro. Si observa a las personas a su alrededor, probablemente verá más signos de vacilación, incertidumbre y conflicto interno.

Por ejemplo, cuando alguien te dice que está emocionado por algo, pero su voz es plana y sin vida, sabes que en realidad no se siente emocionado, ¿correcto? Su comunicación verbal (palabras) dice "Sí, estoy emocionado". Su lenguaje corporal (tono de voz) dice "Sí, lo que sea".

El lenguaje corporal cuenta la historia real, más que las palabras que decimos.

Es nuestro tono de voz, expresión facial, gestos, movimientos oculares y otros comportamientos no verbales los que revelan lo que realmente está sucediendo en el interior. Por supuesto, cuando sus palabras habladas coinciden con su lenguaje corporal, entonces es congruente.

¿Por qué la congruencia es algo tan poderoso?

Por la misma razón que respaldar sus palabras con comportamiento es poderoso. Cuando dices lo que haces y haces lo que dices, naturalmente ganas respeto. Cuando habla, se vuelve creíble. Estás siendo genuino cuando tus palabras y comportamientos se alinean para transmitir un solo mensaje. Cuando su lenguaje corporal NO coincide con su comunicación verbal, entonces está enviando (en el mejor de los casos) un mensaje contradictorio.

Entonces, aquí está la verdadera conclusión: el lenguaje corporal es comportamiento. Y todos tendemos a creer los comportamientos no verbales sobre las palabras, incluso cuando respondemos positivamente a las palabras por cortesía o confusión. Entonces, ¿qué hacemos con todo esto? Aquí hay cuatro ideas:

¡Realmente podemos hacer toneladas de cosas! En PNL, entendemos la comunicación verbal y no verbal y trabajamos con ellos de manera integral.

1. Exprese su congruencia. Si está emocionado, ¡esté emocionado! Si está triste, esté triste. Deja de intentar ocultar cómo piensas y sientes. De esta manera, otros obtendrán una experiencia clara e inconfundible de ti. Sus necesidades serán más transparentes y tendrán más probabilidades de ser atendidas.

2. Si está en conflicto, esté en conflicto congruente. No

es necesario esconderse (en la mayoría de los casos). Solo estar en conflicto. Exprese su indecisión, confusión o lucha. Esta es una excelente manera de superarlos.

3. Si ve a alguien más comunicándose con un conflicto interno o falta de congruencia (dependiendo de su nivel de relación), indíquelo. Esto es especialmente importante si les pide que hagan algo por usted o con usted. Si tiene simpatía, puede llegar al fondo de las objeciones ocultas antes de que su conflicto interno se convierta en un auto sabotaje.

4. No tome decisiones incongruentes. Cuando las decisiones son importantes, no se arriesgue a tomarlas en medio de un conflicto interno. Esto no garantiza que cada movimiento que realice resulte como se esperaba. Sin embargo, significa que tendrás menos arrepentimientos y fracasos.

El lenguaje corporal dice la verdad en las entrevistas de trabajo

Durante una entrevista de trabajo, el lenguaje corporal es fundamental ya que le da al entrevistador una gran cantidad de información que no se transmite solo con la palabra hablada. Revela si el candidato tiene confianza, está orientado a objetivos y está concentrado, o de hecho, si el candidato puede estar realmente aburrido, inseguro o nervioso.

Usado de manera consistente brinda la oportunidad de convencer al entrevistador de tu valía como candidato, ya que hasta el 97% de la comunicación humana se transmite a través del lenguaje corporal. Además de los gestos, las expresiones faciales y la postura, el volumen y el tono de su voz influyen. Solo el 3% de nuestra atención total se dedica realmente al contenido en sí.

- Eres lo que llevas

Es un hecho bien conocido que la ropa puede decir mucho sobre tu actitud y tu confianza con respecto al puesto que estás postulando, por eso debes informarte sobre el código de vestimenta de la empresa.

Aparte de tu atuendo, es imprescindible que tengas una

apariencia bien arreglada. Esto significa zapatos limpios, uñas bien cuidadas y cabello peinado. Una apariencia descuidada puede dejar un mal sabor de boca al empleador potencial incluso antes de que comience la entrevista. Entonces, cuando se trata de entrevistas de trabajo, ¡la ropa hace al hombre!

El saludo correcto causa buena impresión

Incluso el saludo en una entrevista de trabajo dice mucho de ti. Hay buenas razones por las que la gente dice que las primeras impresiones son importantes.

El contacto visual es un signo de apertura e interés.

El contacto visual le indica a su número opuesto durante la entrevista que está interesado y abierto, mientras que si desvía la mirada, muestra incertidumbre, falta de interés o simplemente que no está prestando atención.

Eso no significa que deba mirar fijamente a su entrevistador. Como regla general, el contacto visual exitoso significa sostener la mirada durante al menos un segundo, pero no más de tres segundos. Si está conversando con varias personas, es importante asegurarse de mantener principalmente el contacto visual con la persona que hizo la pregunta. Sin embargo, debe mantener algún contacto visual con las otras personas en la habitación. Eso demuestra interés y te ayuda a captar su atención.

La postura erguida indica confianza y fuerza

Adopte una postura abierta y siéntese erguido. Una parte superior del cuerpo torcida puede tener efectos negativos en el poder de su voz. Además, debe utilizar toda la superficie del asiento. Si se sienta en el borde de su silla, se verá tenso e inseguro de sí mismo.

El lenguaje corporal no solo es importante en las entrevistas cara a cara; también marca la diferencia en las entrevistas telefónicas. Esto puede parecer paradójico al principio; después de todo, el entrevistador no puede ver nada por teléfono. Sin embargo, el lenguaje corporal tiene un efecto en su voz. Se aplican las mismas reglas que en las entrevistas tradicionales cara a cara: siéntese erguido y, si es posible, imagine que está participando en una conversación cara a cara, ya que esto le ayudará a concentrarse. Incluso una sonrisa sutil durante su llamada telefónica hará que parezca más simpático.

Decir adiós, tu última oportunidad de conquistarlos

Al igual que lo haría al saludarlos, extienda la mano a su entrevistador una vez más, asegúrese de mantener el contacto visual y despídase con una sonrisa y mucha confianza en sí mismo, ¡y sea sincero al respecto! Salga del edificio con una postura erguida y mantenga el cuerpo tenso hasta que se pierda de vista. Solo entonces su lenguaje corporal dejará de comunicarse sobre usted y solo entonces podrá darse el lujo de relajarse.

Desde expresiones faciales hasta gestos y posturas, rituales de saludo y despedidas, como humanos, nos comunicamos de manera no verbal durante cada segundo de nuestras vidas, y eso incluye su entrevista para su próximo trabajo.

Consejos antes y durante la entrevista de trabajo

¿Preparándose para una entrevista de trabajo? A continuación, le mostramos cómo hacer que un entrevistador se sienta dubitativo sobre su candidatura: estreche la mano durante el más breve de los segundos, desplácese en su asiento, evite el contacto visual y haga crujir los nudillos antes de responder preguntas difíciles.

Siga estas recomendaciones para hombres y mujeres para proyectar aplomo y confianza, no nerviosismo y arrogancia, durante su próxima entrevista de trabajo.

1. Antes de la entrevista

Ponga su confianza incluso antes de que comience la entrevista. En la sala de espera, mantenga una buena postura mientras está de pie y sentado. Mantenga la espalda recta y la barbilla paralela al suelo. Si bien es posible que no haya conocido a su entrevistador en este momento, es posible que la recepcionista o posibles futuros compañeros de trabajo lo estén observando.

2. Durante la entrevista

Si bien las primeras impresiones cuentan mucho, es durante
la conversación que los entrevistadores tendrán más tiempo
para asimilarlo. Sus respuestas a las preguntas son importantes,
al igual que su postura al escuchar y responder. Tenga en
cuenta estos consejos:

– Postura y estilo sentado

Primero y más importante: sin desplomes. Mantén tu
espalda recta. Inclínese ligeramente hacia adelante para indicar
interés. No se recueste completamente en la silla; esto puede
hacer que parezca aburrido o desconectado.

Evite cruzar los brazos o colocar artículos en su regazo;
Estos hábitos indican actitud defensiva, nervios y una
necesidad de autoprotección cuando lo que idealmente
transmitirías durante una entrevista es confianza.

– Suprime el hábito inquieto

Hablando de inquietudes, si eres un muerde las uñas, rompe
los nudillos, gira el pelo o golpea las piernas, no permitas que
estos hábitos aparezcan durante la entrevista. Todo parecerá
poco profesional y transmitirá nerviosismo. Además, la
mayoría de estas acciones generalmente se consideran de mala
educación.

– Usa tus manos

¿Hablas naturalmente con las manos? Adelante, déjelos moverse durante la entrevista. Detener sus gestos naturales puede llevar a una apariencia incómoda. Solo asegúrese de que sus movimientos no se vuelvan tan entusiastas que distraigan la atención de sus palabras.

- Contacto visual

Es importante hacer contacto visual durante la entrevista, pero no lo confunda con una directiva para hacer contacto visual constante. Eso es desconcertante y agresivo. Al mismo tiempo, evitar el contacto visual resulta completamente indigno de confianza y distante; podría hacer que parezca que sus respuestas son deshonestas. Equilibre: intente hacer contacto visual mientras escucha y responde preguntas, pero permita que se interrumpa ocasionalmente y deje que sus ojos se distraigan.

- Practica tu lenguaje corporal

Debes practicar tu lenguaje corporal tanto como ensayar tus respuestas a las preguntas comunes de las entrevistas. Las tendencias naturales tienden a dominar cuando estás nervioso, por lo que debes aprender a superarlas conscientemente.

9 798686 441347